大学英语教学与中国文化失语研究

杨谨旖 ◎ 著

吉林出版集团股份有限公司

图书在版编目（CIP）数据

大学英语教学与中国文化失语研究 / 杨谨旖著. —
长春 : 吉林出版集团股份有限公司, 2021.9
ISBN 978-7-5731-0464-9

Ⅰ. ①大… Ⅱ. ①杨… Ⅲ. ①英语－教学研究－高等
学校－中国 Ⅳ. ①H319.3

中国版本图书馆 CIP 数据核字（2021）第 192255 号

大学英语教学与中国文化失语研究

著　　者 杨谨旖
责任编辑 王　平
封面设计 林　吉
开　　本 787mm×1092mm　1/16
字　　数 190 千
印　　张 8.75
版　　次 2021 年 11 月第 1 版
印　　次 2021 年 11 月第 1 次印刷
出版发行 吉林出版集团股份有限公司
电　　话 总编办：010-63109269
发行部：010-63109269
印　　刷 北京宝莲鸿图科技有限公司

ISBN 978-7-5731-0464-9　　定价：89.00 元

前　言

全球化大背景下，英语已成为世界通用语言，在国际交流中的作用也愈发重要。很多英语学习者虽然都认识到了这一点，却对使用英语进行跨文化交际缺乏深刻的认识。这是由于他们缺乏对母语文化的认知和习得热情，且缺少学习的主观能动性，这些都导致语言习得无法深入展开。

现今，大部分英语教师仍将跨文化交际理解为了解西方文化知识并用英语与西方人交流。他们只重视西方文化的学习而漠视中国文化的重要性与必要性。另外，英语教师对中国文化知识掌握不足也限制了母语文化与大学英语教学的有效融合。大学英语教师承担着语言教学和文化传播的双重任务。可大多数应试教育环境下培养起来的英语教师缺乏对中国文化的了解，他们很少能有效、自信地向学生介绍中国文化。因此英语教师必须加强中国文化知识的学习并提高跨文化交际能力。

教材是语言实践和文化教学的一个重要媒介，也是学生学习文化知识的可靠来源。但是，我国的大学英语教材过分偏重西方文化而严重缺失中华文化的内容。为保证语言的原生态，我国大学英语教材有些课文直接选自英美国家的报纸和杂志，中国的大学生如何能从这些处处可见西方文化痕迹的英语教材中学到中国文化的英语表达呢？因而，一旦他们进入真实的跨文化交际语境，就必然会产生文化失语现象。

传统的英语教学理念是教师讲授英语语言知识以使学生能精准地使用目标语言，现今的跨文化交流已不再单纯强调目标语言交流中的文化输入。大学英语教师应提高自身的母语和目标语言素养以及跨文化交际的意识和能力，因为他们肩负着改变传统教育思想的重要责任和使命。

目　录

第一章　中国文化导论

第一节　中国文化生成过程分析

中国是世界四大文明古国之一，也是唯一绵延 5000 年至今的文明古国。中国社会的稳固，中华民族的繁衍不息得益于富有生命力和凝聚力的中国文化。中国文化的生成过程和生成背景就隐含了中国绵延不断的文化基因。在世界优秀的文化体系之中，只有中国文化在人类历史上从未中断，正如刘诒徵先生在《中国文化史》中所言："吾民族创造之文化，富有弹性，自古至今，俪俪相属，虽间有盛衰之判，固未尝有中绝之时。"中国的延续在于中国文化的延续，而中国文化的延续在于其所特有的文化生成机制和生成背景。我们应深入探寻中国文化形成的历史源头，寻找中华文脉传承的根基。为此，应从四个方面进行具体的阐述：首先，借鉴中国历史的分期方式对中国文化的生成阶段进行简要的划分，根据这一划分方式，将中国文化的早期生成过程大致划分为三个阶段：中国文化的萌芽，即三皇五帝时期；中国文化的形成，即夏商周时期；中国文化的定型，即春秋战国时期。其次，分别从这三个时期入手，详细分析中国文化的生成脉络和生成过程。

中国传统文化是中华民族的精神之源，是中国文化发展的内生动力，是中华文化的生命灵魂。习近平总书记指出："中华优秀传统文化的丰富哲学思想、人文精神、传统美德等，是解决当代人类面临的共同难题的重要思想源泉，为全球治理和治国理政提供有益启发。"在倡导文化自信的今天，我们对中国文化进行探本溯源，找到中国文化生成的历史阶段和脉络，挖掘中国文化生成的内在逻辑是十分重要的，也是必要的。

一、中国文化的历史分期

对于中国文化的历史分期，我们可以先从中国历史的分期着手。自西方的历史分期方式引入中国以后，中国学者多数参照西方模式对中国的历史进行了阶段性的划分。如梁启超先生在《中国史叙论》中，以西方学术界的历史分期方法，并借用《韩非子 · 五蠹》中的用语，将中国历史划分为"上世史""中世史"和"近世史"，把黄帝以讫到秦统六国的历史名为上世史，秦一统后至清朝乾隆末年名为中世史，乾隆末年至今（《中国史叙论》1901 年出版）名为近世史。这种划分遵循中国古代的文化和政治的历史发展脉络，基本上符合中国历史发展的阶段特征。夏曾佑先生在1902年出版的《中国古代史》中，根据历史的演化，将中国历史划分三期，即“上古”“中古”和“今古”。自梁启超和夏曾佑两位先生之后，这种划分方式逐渐成为史学界的惯例。20世纪30年代初，章嵚先生在其《中国通史》中依据政治和文化的形成与发展阶段将中国历史分为上古（黄帝至战国末期）、中古（秦朝至唐朝末年）、近古（五代时期至明朝末年）和近世（清朝至民国初期）四个阶段。根据这种历史划分，文化史学界对中国文化的形成与发展也做了类似的历史划分。如陈登原先生在其1937年出版的《中国文化史》一书中，根据文化工具的不同，学术思想的歧义、政治经济的变迁、民族社会的转易将中国文化史进行了五个时期的划分：上古（有史—秦初）、中古（秦初—五代末）、近古（宋初—明末）、近代（明末—清末）、近世（清末—今）。钱穆先生在《中国文化史导论》中根据中国历史上完成的两大功业——“民族融合”与“国家凝成”，从中国历史实态出发，归纳出了政治制度的历史分期：“禅让制度”的“唐、虞时代”；“王朝传统制度”的“夏、商时代”，“封建制度”的“西周时代”，“联盟制度”的“春秋时代”，“郡县制度”的战国末期以降。基于前人的研究成果，冯天瑜先生认为文化的发展具有自己所特有的阶段性，他指出：“中国文化具有独自的发展脉络。这种脉络当然与王朝更替相关联，故中国文化史分期不可能全然脱离王朝系列；但文化进程又往往突破王朝界域，有着自身的发展序列，某些跨王朝段落，如周秦之际、魏晋南北朝之际、唐宋之际、明清之际、清民之际，以及某些朝代的中段，如唐中叶、明中叶文化都发生重要转折，或形成思想学术的高峰，故中国文化史的段落划分必然要突破王朝框架，按文化自身演变的阶段性做出分期。同时，中国文化的进程，日益广泛、渐趋深刻地与外域文化发生互动，梁启超将中国历史划分为‘中国之中国’—‘亚洲之中国’—‘世界之中国’三个段落，是颇具概括力的。”根据文化自身发展轨迹，冯天瑜先生在《中国文化生成史》一书中对中国文化史做了四个历史分期，即史前文化、宗法封建文化、皇权文化和现代文化。并对其中的历史时期做了详细的界定：史前文化是指从采集到农耕，从原始人群到氏族共同体；宗法封建文化指夏商周三代；皇权文化是包括整个封建时期，从秦朝建立第一个专制主义中央集权的封建王朝到清朝末期；现代文化是指晚清以降的文化发展。综上所述对中国历史以及中国文化史的分期，借鉴冯天瑜先生的分期标准，我们把中国文化的早期生成阶段大致划分为三个时期：中国文化的萌芽（三皇五帝时期）、中国文化的形成（夏商周时期）和中国文化的定型（春秋战国时期）。

二、中国文化的萌芽：三皇五帝时期

文化实质上是“人化”，是指人化自然的过程，文化的产生也是伴随着人类历史的发展而产生的。因此，文化的起源是同人的起源相伴而生的。但是，真正的文化是自有文字可考的时期开始逐渐形成的，汉字起源于先夏，成型于商代，演化传承至今。先于文字出现之前，中国已经出现了文化的萌芽，这在历史上被称之为“上古时代”，又称“远古时代”

或“神话时代”，这一时期虽没有文字可考，但经过考古证明，中国的祖先已经在这一时期出现了带有文化象征的人类活动。

中华文明的源起经历了一个漫长的历史过程，它始于万年前的历史文明，经历了从氏族部落到封建国家的发展，最终经过诸侯之间的征战，发展为多元统一的文化帝国。中国文化也萌芽于万年前的那一历史时期。在这里，我们把这一时期称为三皇五帝时期。三皇五帝的说法，史学界一直没有统一的定论。关于“三皇”:《史记·秦始皇本纪》中记载为：天皇、地皇和泰皇;《史记·补三皇本纪》中将“天”“地”“人”三皇列为“三皇”；在《尚书大传》中是燧人氏、伏羲氏和神农氏；在《春秋运斗枢》中是伏羲氏、女娲氏和神农氏；而《三字经》中将伏羲、神农和黄帝统称为“三皇”。关于“五帝”，历史上也有不同的说法:《世本》《大戴礼记》和《史记·五帝本纪》中列黄帝、颛顼、帝喾、尧、舜为“五帝”；《礼记·月令》中以伏羲、炎帝、黄帝、少皞、颛顼为“五帝”；而《帝王世纪》中又视少皞、颛顼、帝喾、尧、舜为“五帝”。无论历史上对“三皇五帝”怎样的解释，这一时期都是夏之前的人类历史的萌芽时期，既有神话传说的成分，也有历史可考的成分，是“三皇五帝”率领民众开创了中华文明的上古时代。

神话自然不能当作史实来看待，但神话的流传及其内涵，实际是文化传统嬗变过程中自然而然的现象，不会凭空地产生出来。文献记载中有关“三皇五帝”的传说固然经过了历史的臆测和篡改，但揭开这层神秘的面纱，俨然能发现各种有价值的因素。“三皇五帝”是否真有其人？具体名号真正如何？我们不做历史考证，这实际上也不重要。我们可以将其看作是中华民族的祖先在史前各个时期的不同文化象征，可以笼统地当作是史前社会的某一氏族部落的首领，或是某一氏族部落的图腾，抑或是他们氏族部落的名号。这些氏族部落“随着社会生产的发展和人口的增加，氏族部落的不断迁移和相互交往的扩大，各个部落之间在某些时候、某些地方形成相反的利益，由此引起了各个部落的分化和组合、战争和联盟，逐渐形成为不同的民族”(郭沫若《中国史稿》)。这些民族就是中华民族的早期雏形。随着民族的融合和发展，中国早期的文化也开始应运而生。

史学界将人出现到文字以及金属工具发明之前的这段历史时期称之为“石器时代”，这其中又包括“旧石器时代”和“新石器时代”。“旧石器时代”尚处在一个蒙昧的时期，是古猿向人类进化的最初阶段，开始有了工具的使用和简单的石器制作。从元谋人到北京人，再到山顶洞人，以及距今约 7000 年前的四川资阳人都从属于这一时代。文化的产生就源于这一时代，产生于从猿到人的演变过程之中。“有了人方有文化创造。在距今 300 万年前，灵长类开始进化为双手解放出来的直立人，波澜壮阔的文化史自此发端。”罗蓓、孙晓阳在其主编的《中国传统文化通论——文化生成与学科融通》一书中指出旧石器时代火的使用，将人与动物彻底地区别开来，使人真正意义上成为人，人类所特有的文化也正是从这时悄然开始，火的使用不仅具有物理学意义上的成就，更是具有划时代意义的一项文化创造。火的发现以及广泛的应用和多方面的实践正揭露出了文化史的真实面目，中国古代的“钻木取火”便是切实的写照。火的出现在人类演进以及人类历史的发展过程中有着重要的地位，恩格斯曾精辟地指出："就世界性的解放作用而言，摩擦生火还是超过了蒸汽机，因为摩擦生火第一次使人支配了一种自然力，从而最终把人同动物界分开。"火作为生产和生活工具出现，又不同于其他的一般工具，就其产生本质属性而言，已经包含人类的意识活动了，是人类物质文化的开端，更是文化起源的直接标志。

随着人类的发展进入新石器时代，无论是物质文化的发展，还是观念文化的丰富都进入一个空前的时代。此时，人们不再是简单地从事采集和狩猎活动了，开始转向了农耕，并伴随着家畜的养殖。"农耕经济的确立，使人类不再单靠自然赐予，而可以通过社会经济再生产过程同生物自然再生产过程结合，获得较为丰富可靠的生活资料及生产资料供应，得以养活从事政治、文化等非生产性活动的人群，文化史因此跨入新纪元。"经过后期的考古发掘，人们已经发现了大量的新时期时代人类活动的遗址：彭头山文化（约前7500—前6100）、裴李岗文化（约前7000—前5000）、磁山文化（约前6000—前5500）、大地湾文化（约前5800—前5400）、新乐文化（约前5500—前4800）、赵宝沟文化（约前5400—前4500）、北辛文化（约前5300—前4100）、河姆渡文化（约前5000—前4500）、大溪文化（约前5000—前3000）、马家浜文化（约前5000—前3000）、仰韶文化（约前5000—前3000）、红山文化（约前4700—前2900）、大汶口文化（约前4100—前2600）、良渚文化（约前3400—前2250）、马家窑文化（约前3800—前2700）、屈家岭文化（约前3000—前2600）、龙山文化（约前3000—前2000）、宝墩文化（约前2800—前2000）、石家河文化（约前2500—前2000）。这只是列举了其中具有一定代表性的新石器时代文化遗址，根据苏秉琦先生对新石器时代中国文化区域的划分，我们可以大致将新石器时代划分为六个文化区系或文化圈：（1）以燕山南北、长城地带为重心的北方；（2）以山东为重心的东方；（3）以关中（陕西）、晋南、豫西为中心的中原；（4）以环太湖为中心的东南部；（5）以环洞庭湖与四川盆地为中心的西南部；（6）以鄱阳湖—珠江三角洲一线为轴心的南方。这些文化区系或文化圈之间既自成体系，又交相辉映，敲响了我国丰富多彩的民族文化和地域文化的前奏。如分布于黄河中下游的仰韶文化，是母系社会的繁盛时期，出土的人面鱼纹彩陶盆标志着中国古人彩陶技艺的繁荣；如长江中下游的河姆渡文化遗址中出土的木浆，说明人类已经从陆地走向了水域；再如太湖流域的良渚文化，出土了大量的精美玉器，表明中国的玉文化早在远古时代就已产生。

"三皇五帝"的远古时代或上古时代，文化已经伴随着人类的演化在悄然地受到滋养，并逐渐开始萌芽。有学者基于众多的考古资料，将这一时代的氏族部落根据文化遗址发掘的分布分为三大文化集团：华夏文化集团、东夷文化集团和苗蛮文化集团。黄土高原是华夏集团的发祥地，后又沿着黄河顺势而下，向东扩展，大致分布于仰韶文化和龙山文化区域；其中，华夏集团内部又有黄帝和炎帝两个分支。东夷文化集团主要分布在山东、河南和安徽境内，大汶口文化、龙山文化等分布区都属于东夷文化的范畴，如蚩尤、后羿等都属于这一集团。鄂、湘、赣一带的大溪文化和屈家岭文化都从属于苗蛮文化集团，如果将这一范围向东拓展，良渚文化和河姆渡文化也从属于这一文化集团，伏羲氏、女娲氏都是这一文化集团的主要代表。这些集团部落之间的兼并战争和相互融合，造就了中国文化的雏形，对后世文化格局的形成和发展都产生了深远的影响。先是黄河流域的华夏集团同东夷集团之间的战争，最终黄帝和炎帝的部落联军在逐鹿打败了东夷集团的蚩尤，从而使得炎黄部落之间得以融合。继而，经过阪泉一战，黄帝打败炎帝，炎帝败向东南方，至此，黄帝的势力范围遍及中国的北方和中部大部分地区，以黄帝为代表的华夏文明诞生，经过后期对东夷集团和苗蛮集团的连续征战，并取得连续的胜利，从而确立了华夏文化在中国文化历史演变过程中的主流地位，华夏民族也成为中华民族的主要部分。

三、中国文化的形成：夏商周（西周）时期

"三皇五帝"时期，中国文化虽然迈出了一大步，但是依然属于原始部落的原始文化，图腾崇拜、巫术文化等还控制着人们的精神世界，这一时期中国文化的萌芽也同其他民族的原始文化大致相同，可以说是还没有完全脱掉"自然发生的共同体的脐带"，也没有形成民族特色的文化表征。直至夏商周时期，中国文化才开始形成，有别于其他民族的中国传统文化的特殊面貌才开始形成。夏、商、周是中国早期历史上的关键时期，有文字记载的信史在这一时期开始，国家在这一时期产生，影响中国历史进程的许多文物制度也是在这一时期奠定的。正如冯天瑜先生所言："文化史上进入'文明'阶段的标志有三：文字的发明与使用、金属工具的发明与使用、城市的出现。夏商周三代这些成果纷然呈现。随着社会生产力水平的提高，部落联盟首脑权力日益膨胀，夏禹以后，首领禅让转为世袭，标志着原始社会的解体和国家的诞生，而巫觋的专职化，其文化功能扩大与加深，昭示着文明时代来临。"自距今 4000 多年的夏朝开始，以及随后的商朝和周朝，中国早期的古典文明开始渐入其辉煌时期。青铜器取代了石器，成为新时期的象征，因此，这一时期也被史学界称之为"青铜时代"。

由于历史年代的久远，夏商周三代的历史状况还有许多存疑之处，但通过考古发现，可以简单地勾勒出夏商周三代文化领域的基本特征，冯天瑜先生将此阶段的文化特征大致归结为四点：（1）大量的青铜器、祭坛、宫殿等在广袤的土地上出现，这标志着古代中国正式跨入了文明的门槛。这一时期同古文献记载中的夏朝大致相当。在豫西和晋西南等地的考古发现便印证了这一点，揭开了中国早期文明（夏朝）的神秘面纱。（2）中国青铜时代的技艺特点，如铜锡合金和块范筑法等，都富有中国文化的特点，器物的作用类型也都与西方文明乃至南亚文明有所不同，饱含中国传统文化的精神萌芽，形成了富有自身特色的青铜文明。青铜器首先更多的是被用作礼器，规范着中国古代森严的等级秩序，象征着王权的至高无上。其次被当作兵器，用于对内对外的战争，维护政权的稳定和国家的统一。而不是向古代的西方，如罗马、希腊等那样，除了制造兵器以外，就主要用于生产工具的制作。这一区别昭示着中国率先具备了伦理文化，中国文化中的重视伦常也源于此。（3）二里头等夏朝遗址发现了大量刻画符号的陶器。殷墟出土的大

量甲骨文形态相当复杂，应当是经过了漫长的演化过程，而夏朝的陶文正是其先驱。由于出土的夏朝的陶文数量有限，且大多难以破译，因此，此时尚未脱离传说时代的影子。而到了殷商时期，大量的甲骨文的发现以及破译，可以说中国至此方进入信史时代，有了历史可证的文字记载。（4）殷商西周已经出现了具有中国特征的文化痕迹，此时神权至上影响广泛，祖先崇拜尤为繁盛，天、地、人三大祭祀活动十分发达。

由于夏文化文献不足征，尚处于转型时期，我们在此姑且不论。自商朝开始，中国正式进入了有文字记载的信史时代，凭借着商人的甲骨文，我们能够对商朝文化历史的发展进程有了更多的了解。位于山东半岛的渤海湾地区是殷商之人的发祥地。最初的商人主要从事“游耕农业”，因此，商朝的都城一再迁徙，商中后期，为挽救统治危机，继位者盘庚将都城迁于殷（今河南安阳），史称“盘庚迁殷”，故商朝又被称之为“殷商”。殷商时期宗教意识极为浓厚，整个社会都弥漫着原始宗教的气息，“尊神重鬼”是这一时期文化的一大特点，神学观念在整个商朝社会占据着崇高的地位。正如《礼记·表记》中所记载：“殷人尊神，率民以事神，先鬼而后礼，先罚而后赏，尊而不亲。”在殷商之人眼中，神的地位是至高无上的，人世间的所有安排都是神的指令，都要依据神的意愿行事，一切听命于神的安排。郭沫若先生指出：“大抵至上神的观念殷时已有之。年岁的丰啬，风雨的若否，战争的成败，均为所主宰。”殷商之人通过占卜来决定自己的行为举止，人完全附庸于神。考古学家在河南安阳小屯的殷墟中发现了十多万片甲骨，几乎全是祭祀和占卜的记录，足见殷商之人尊神重鬼风气之盛。殷商时期已然出现了专门的文化官员，由于此时盛行“学在王宫”，各种典籍文献以及历法、医学、占卜、历史等书籍都藏于王室之中，因此，便衍生出了巫、史、祝、卜等专职文化官员。其中“史”是最具典型的文化官员。“史”始设于商朝，早期是驻外的武官，经过发展后来成为商王左右掌管祭祀和记事的官员，现在出土的一些殷商之人的典籍文册便出自史的手笔。商朝的史分为多种，有“大史”“小史”“西史”“东史”“作册”等，这些官员有负责起草文书的，有负责记载史事、编写史书的，有掌管国家典籍的等等。同时，史还可以发表意见，提供策略，“掌官书以赞治”。“巫、史、祝、卜是第一批较正式的文化人，他们从事卜筮、祭祀、书史、星历、教育、医药等多种文化活动，并参与政治，中国文化（尤其是精神意识领域）的许多门类，其起源都与之有关。”从考古挖掘出来的大量先秦文化典籍中可以发现他们的诸多踪迹，可见，这些“文化人”对中国文化早期的发展做出了突出的贡献和不可磨灭的印记。

在夏商文化基础上发展出来的周文化，开启了从“神本”向“人本”的转化。西周文化在经历了巫觋文化、祭祀文化之后发展为礼乐文化，从原始宗教进化到自然宗教，进而又发展出伦理宗教，这对孔子和早期儒家思想的产生奠定了坚实的思想基础。西周在殷商崇尚天帝和的基础上，将本族的祖先与天帝关联在一起了，创造出了“天”的观念。同殷商时期一元化的祖先神有所不同的是，西周将祖先的世界同神的世界分离开来，分别属于两个不同的范畴。周人的“天”已经超脱自然属性，成为至上神的统称。这时的“天”俨然成了整个中华民族的“保护神”，而不再是某一部落的“保护神”。周朝不像商朝那样将人世间的一切当作是上天的安排，他们认为，自己是上天之子，秉承“天命”来治理人间世界，而且“天命靡常”，因此，上天只将“天命”授予有德之人。在此基础上，周朝统治者延伸出了“敬天保民”“以德配天”等政治统治思想，从“天界”走向了“人间”。因此，周朝的宗教观念不是一元性的祖宗之神，而是天祖的二元崇拜，二者之间沟通的渠道就是“天神的拟人化和祖先的拟天神化”。二者之间的相互交流，形成了后世的“天人合一”等观念，同时也蕴含了德治主义、民本思想和忧患意识等，这些都深刻地影响着中国文化的进程。

从夏、商、周三代文化的演进过程中可以看出，三者之间的文化模式尚有所差别，都展现出了各自不同的特点。但是，夏、商、周三代之间也承袭着一些连续性的文化特征和精神内涵，它以黄河中下游地区的文化为主要继承，同时又在发展中统合了周边各个地域的文化特色，最终在西周时期开始定型。经过轴心时代对文化发展，中国文化朝着“敬德保民”“重孝”的基本走向发展而去，成为中国文化所特有的精神气质。夏、商、周三代的文化演进，是一个以神为本的文化逐渐开始向以人为本的文化过渡，逐渐摆脱了人类思维水平、宗教信仰等的蒙昧阶段，从而奠定了中国文化的基本构架，中国文化的基因从此时开始正式形成。

四、中国文化的定型：春秋战国时期

东周末年，周天子势微，各路诸侯纷纷崛起，竞相征战，从公元前 770 年持续到公元前 221 年，是中国历史上一段大分裂的时期，也是一个百家争鸣、人才辈出、学术风气活跃的时代，这一时期确定了中国文化的基本走向，中国文化在此时定型。春秋因鲁国的编年史《春秋》而得名，这部书相传为孔子所修订，但至今学术界尚存质疑，此书记载的是从鲁隐公元年（公元前 722 年）至鲁哀公十四年（公元前 481 年）。后史学界为方便起见，一般从东周立国，即周平王元年（公元前 770 年）时起到周敬王四十三年（公元前 477 年）或公元前 476 年为止，称为“春秋时期”。春秋时期之后是战国时期，这一时期大约从公元前 476 年左右直至公元前 221 年，此时各诸侯国混战不休，故被后世称之为“战国时期”，这一称谓取自西汉刘向所编注的《战国策》。

春秋战国时期是中国历史上第一个大变革的时代，文化上也迎来了重大转型。就世界历史而言，大约在公元前 600—200 年间，世界各文明体涌现出大量的思想家、哲学家、宗教学家等，对后世的文明发展具有深刻的影响。“比如在古希腊，出现了赫拉克里特、巴门尼德、苏格拉底、柏拉图、亚里士多德等哲人；在伊朗，出现了祆教的开创者琐罗亚斯德；在巴勒斯坦，出现了以利亚、杰里迈亚等先知，后来又出现了耶稣；在印度，产生了《奥义书》，诞生了释迦牟尼；在中国，则出现了老子、孔子、墨子、孙子、孟子、庄子、荀子、韩非子等等。”这一时期产生的文化为后世的文化发展定下了基调，使得整个人类历史都似乎在围绕着这一时期运转，德国哲学家雅斯贝尔斯将这一时期称之为历史上的

“轴心时代”。这一时代的思想飞跃和精神塑造为以后的文化发展提供了不竭的动力。与此相对应，中国历史上老子、孔子、孟子等诸子百家出现在东周时期，即春秋战国时期，所以人们把这一时期称之为中国的“轴心时代”，这一时代继器物文化和制度文化之后，又出现了思想文化的高峰，此后的中国思想文化的发展，就无法摆脱这一时代的影响。

这一时期文化的空前发展首先得益于春秋战国的社会危机，而百家思想的泉涌以及文化的再造正是得益于这种社会危机形成的客观环境。春秋战国时期，铁器已经广泛地应用于生产工具的制作，中国历史已经从夏朝的石器时代、商周时期的青铜时代，进入了春秋战国时期的铁器时代，铁农具的出现使人类的生产工具得到改进，技术更加进步，物质生产活动有了极大的改观。在手工业和商业方面，由于铁制工具的出现，一些加工作坊拔地而起，这使得社会分工更加细化，这些变化一方面使新旧社会生产力之间的矛盾日益尖锐，另一方面又促使两个阶级的斗争日趋激烈，这都为社会的激变和文化的发展埋下了伏笔。此外，春秋时期，“井田制”遭到严重的破坏并逐渐瓦解。私有土地的合法性逐渐得到认可，中国历史开始产生封建社会的因子，出现了不同于奴隶社会带有封建社会性质的阶级，由过去的贵族和商人经过重构，转化为地主阶级，中国社会也开始从奴隶制转向封建制。与此同时，在政治方面，各诸侯国之间为了“争霸”的需要，纷纷进行政治改革，时间从春秋时期一直延续到战国时期的整个历史阶段。各国经过变法改革，法律体系更加完善，任用制度更加开放，社会公平更加彰显，生产力亦得到进一步的解放和发展，这些都为文化的发展提供了思想基础，奠定了物质保障。正是由于种种社会变化，使得春秋战国时期，“天子失官，学在四夷”，原有的职业知识从官府中脱离出来，散落在民间，从侧面促成了诸子百家的兴起，为中国文化的定型注入了力量。

孔子、墨子、老子等都是诸子百家的重要代表人物，他们以其渊博的知识和深厚的热忱之情开创了各自的学术门派，宣扬着各自的思想学说，对宇宙、人生、社会、生死等各领域的问题发表着带有各自思想特点的议论和观点，并且“述而有作”，形成了一批中国文化史上的元典性著作。经过诸子百家各具特色的创造，中国文化在各个方面都得到了提升，深深地打上了民族的烙印，进而使中华民族最终的文化方向大致得以确定。中国文化也就是在此时定型，以至于后世文化的发展演变都以此为范式和蓝本。

冯天瑜先生曾经指出：“文化史上进入‘文明’阶段的标志有三：文字的发明与使用、金属工具的发明与使用、城市的出现。”与此相对应，我们可以把中国文化生成的标志归六个方面：(1) 诸子百家的诞生；(2) 文化元典的涌现；(3) 社会制度的建构；(4) 地域文化的生成；(5) 城市文化的出现；(6) 语言文化的形成。中国文化从萌芽阶段到最后的定型阶段，正是经历了这样一个从文化到“文明”的生成演变过程。从无文字可考的“神话传说时代”，到有文字出现的“半信史”时代，再到思想迸发、元典涌现的“信史时代”，中国文化的底蕴和内涵便由此生成，并始终内涵于中国文化的发展过程之中。

第二节　中国文化传统与现代化

自古以来，中国这个文明古国就有“礼仪之邦”之称，我国是一个“讲文明、懂礼貌、有素质、守秩序”的“文明之邦”，而文明礼仪的传承需要每一位国人的努力，才能造就中国民族屹立于世界不倒的文明古国之称。都说“教育要从小抓起”，高中阶段是学生成长的关键时期，也是学生身心飞跃发展的时期，将传统文化赋予现代的含义，并且贯穿于高中学习、生活生涯之中，是培养对传统文化的认知、传承并发展的最好时期。

关古论今，中国文化传统中优秀的成分学生数不胜数，早在古代的文明时期，便有了文化的祭奠，能通过千年岁月流传至今，更是取其精华的结晶。中国的文化传统现代化也是在经过岁月的洗礼之后，传扬到学生手中的，文化传统更加注重对涵养的培养，在走向未来的道路上能将“仁、义、礼、智、信”的优秀品格传承好、贯彻好，将优秀的品质作为培养的宗旨，让我们真正成为新时代的新青年。缺少涵养、只顾学习的学生是不会适应当今社会的发展的，因此，对传统文化的保护和传承是培养知书达理的新时代青年的必要环节。国学大师钱穆曾经说过，中国传统文化说到底就一个字——礼。“礼”是我们中华民族的传统美德，也是我国对国人日常行为的准绳，对于高中生来说，文化的重要性不容小觑，在国家层面，都将文化建设摆在非常重要的位置，文化也是提升综合国力的必要手段。因此，高中生践行“明礼青年”，势在必行，我们不应该只是通过影视剧来了解我国历史和传统文化的精髓，更应该用自己的脚步，用自己的知识来衡量文化的重要性。

一、中国文化传统与现代化在高中校园中的传播现状

中国文化传统与现代化在高中校园推行的力度不够大。学校作为一个大团体，是在教育部门的指导下进行的，中国文化传统的现代化在现在的素质教育和德育教育中已经普遍提倡开来，但是教育部门经常是以下达文件的形式要求学校进行文化传统现代化的传扬，但是，众所周知，只要没有最终的验收，那文件只是一纸空文；没有实践力，所以推行力度的不足和没有相应的检查评价机制，造成中国文化传统现代化的进程在高中校园实行的力度不够大。

中国文化传统与现代化在高中校园推行的范围不够广。中国文化传统是文化的精髓，它的现代化是将文化传统进一步适应现代文化的步骤，但是，我们不难发现，它的实行效果和范围往往是大家忽视的问题，很多大城市的高中校园早已开始推行文化传统现代化的具体活动，用来传承和保护我国的文明传统，并进一步现代化，但是针对一些小城市的学校和农村、偏远山村等地的高中，还未全面施展开来，因此，中国文化传统与现代化在高中校园推行的范围还不够广泛。

中国文化传统与现代化在高中学校的重视程度不够。高中作为一个向高等学府输送人才的基地，在传统文化和现代文化的交织中，以最强的生命力存在于高中生的学习、生活中，但是我们不得不承认的现状就是，现在的家长都希望孩子能早日成龙成凤，更加注重学习这一层面的文化，而缺失了关于其他优秀传统文化现代化培养方面的要求，因此学校、家长都更加注重孩子的学业知识和艺术特长，往往忽视了孩子在这一阶段应该进行的中国文化传统的精细培养。

正因为以上的种种原因，导致中国文化传统现代化在我国高中校园系统中未能很好地展开和推行，以至于我们仍然注重是文化知识的培养、特长的延伸，而忽视了文化传统的重要性，这是与保护传承中华的传统文化目标背道而驰的，因此，我们应该共同努力，打造“明礼校园”“文化校园”。

二、中国文化传统现代化势在必行

践行中国文化传统现代化是进行德育教育的关键手段。“讲文明、树新风”是我们始终在学生阶段始终贯彻的一种方针，也是高中课堂、板报、宣传栏中弘扬与传播的一种文化精神，这充分证明了传统文化现代化是这一阶段应该培养学生践行的文明形式，因此，它的重要性可想而知。

践行现代化措施是对中华民族传统文化的保护。“以文立身，以礼约人”，是中国教育的优良传统，也是有效的教化模式。这样优秀的传统美德是我们应该好好保存，将“知书达理”这一传统文化有效地保护好，并且加以现代化的手段和措施，让传统文化能在现代的环境中屹立不倒。这需要学生共同努力。

践行文化传统现代化是对中华民族优秀传统文化的传承。中华民族优秀的传统文明应该发扬光大，不仅要保护好，还要将文明不断地传扬下去，作为高中生，我们首先要认识到这项工作的重大意义，并且以“文明礼貌”的举动感染身边更多的人，将“明礼教育”“优秀文化”不断地传承下去。

三、在高中生中践行中国文化传统现代化的方法和途径

文化传统赋予现代化含义进学校。学校作为传播知识的一个载体，首先要做到的就是文化传统赋予现代化含义进学校，让学校中形成“知书达理”的浓厚氛围。首先，我们要跟随学校的脚步，让文化传统现代化走进学校，不仅要氛围浓，进度跟上，还要用我们每个人的力量传扬好。我们可以根据文化传统现代化的内容将校园重新装点一下，将黑板报、宣传栏、宣传墙、文化走廊上加入文化传统的相关内容，让执勤人员将绶带上打印上关于文化传统的宣传语，让我们每位高中生潜移默化地感受这样的氛围。其次，也要积极参加学校举办的以“中国文化传统现代化”为主题的演讲比赛、小品大赛或者游戏，将“文化传统”的观念深入人心；更要在学校中创设一种“尊师重教”“以礼待人”的氛围，我们

只有尊重教师的教学成果，关爱他人，礼貌待人，才能将学校的氛围创设得更加浓厚。

文化传统赋予现代化含义进课堂。我们可以通过班级的班会，将身边的温情故事分享、优秀事迹进行分享，将更多讲文明、树新风的优秀事迹分享给身边的同学，还可以将自编、自导、自演的情景剧展现在同学面前，相互学习、互相进步，从而做到文化传统走进我们内心的目的。

文化传统赋予现代化含义进家庭。亲情是永远割舍不掉的情谊，更是培养我们“明礼达信”的最初温床。我们可以自发制作“亲人档案”，里面记录好亲人的生日、喜欢的物品、爱吃的美食、需要哪方面的帮助等内容。当我们有意识地记录下家人的需求时，就会变得有意识地去关心家人。替父母每天分担一件家务、外出时和家人道别等小小的行为习惯就能贯穿我们的一生，也是文化传统现代化产物伴随我们一生的财富。

文化传统赋予现代化含义进社区。我们可以自发组织每周进社区义务劳动一次，在社区服务中去接触社区领导和社区居民，主动与长辈打招呼，并在与大家交流时采用文明用语，将文明礼仪之风在社区中传扬。

关古论今，传统文化现代化我们更应该取其精华，去其糟粕，正视和继承优秀的部分，用尊重历史的眼光看待传统文化。作为高中生，我们是新时代的佼佼者，也是祖国初升的太阳，在看待传统文化的传播和继承的时候也应该用我们新时代年轻人的眼光对传统文化进行进一步的审视，将优秀的传统文化进行现代化的改变并继承与发扬，让中国文化传统真正实现现代化的继承。作为新一代的高中生，我们应该具有时代的眼光，看清时代文化精神的重要性，传承传统文化中的精髓，将传统文化中的精华进行传承与创新，在我们的生活中践行。

第三节　中国文化的精神品格

中国文化是世界上唯一五千年没有中断的文化。怎样解释这种文化现象？恐怕要到中国文化精神的优秀基因中寻找答案，这就是中国文化的精神品格。中国文化具有向上性、向善性和理性的精神品格。向上性是它的刚性，向善性是它的柔性，向上性和向善性都包含在理性之中。中国文化既有刚性又有柔性，刚性和柔性的统一就是韧性，或者叫弹性。外圆内方，刚柔相济是中国文化崇尚的境界。或许这就是中国文化具有强大生命力的根源。这也是我们对中华民族文化自信的源泉。

文化是民族的灵魂和血脉，文化的核心是其精神，文化贵在精神品格。习近平总书记说：“中华文明源远流长，孕育了中华民族的宝贵精神品格，培育了中国人民的崇高价值追求。自强不息、厚德载物的思想，支撑着中华民族生生不息、薪火相传。”中华民族历经磨难而不灭，中华文化绵延五千年而不绝，根本原因在于它的“一以贯之”的中国文化精神，在于中国文化的精神品格。中国文化具有向上性、向善性和理性的精神品格，它们是中国文化的优秀基因，是中国文化的强大生命力所在。

一、向上性：自强不息

（一）内涵

中国文化有积极进取的精神和蓬勃向上的朝气。儒家经典《周易》对中国文化的向上性做了高度概括，《周易·象传》说："天行健，君子以自强不息。"既然天道是运行不止的，那么人就应该效法天，刚健有为，自强不息。孔子认为君子应当有刚强的品德，他说："刚毅木讷近仁。"(《论语·子路》) 老子讲求制胜之道，要"柔弱胜刚强"(《老子·第三十六章》)。孟子认为刚性是"浩然正气"，他说："富贵不能淫，贫贱不能移，威武不能屈，此之谓大丈夫"，"其为气也，至大至刚"。(《孟子·滕文公下》) 孟子的"浩然正气"激励了一代又一代的文人士大夫，大义凛然，慷慨赴命。南宋民族英雄文天祥，用英勇不屈的行为高唱了一曲《正气歌》。

（二）表现

使命感和担当精神。孔子生活在一个"礼崩乐坏""天下无道"的时代，他以恢复天下的秩序为己任，周游列国，奔走呼号。"士不可以不弘毅，任重而道远。仁以为己任，不亦重乎？死而后已，不亦远乎？"(《论语·泰伯》) 强调知识分子要担当道义。他为了自己的崇高理想，"知其不可而为之"(《论语·宪问》)。到了孟子，他说"如欲平治天下，当今之世，舍我其谁也"(《公孙丑下》)，对自己的社会责任当仁不让。荀子认为，天人相分，"天行有常"，人可以"制天命而用之"(《荀子·天论》)。《礼记·大学》把治国平天下作为儒家的理想。中国传统文化的担当精神激励了无数仁人志士。

求变求新的精神。君子不但要有理想，还要有智慧，要善于与时俱进。《礼记·大学》记载，商汤在自己沐浴之盘上刻有"苟日新，日日新，又日新"的铭文。时刻提醒自己，每天要更新思想，有新的面貌，常变常新，不能懈怠。为了求新，必须变革，反对因循守旧。《周易·革》说："天地革而四时成，汤武革命，顺乎天而应乎人。革之时，大矣哉。"当事物发展不顺利时，就要求变，就要调整，永远不能僵化。《周易·系辞下》说："穷则变，变则通，通则久。"为了适应变化，就要不断地学习。《礼记·中庸》说："博学之，审问之，慎思之，明辨之，笃行之。"

勇气。向上性还表现为奋发向上，不屈不挠，努力拼搏的精神状态。《周易·乾卦》说："君子终日乾乾"。《周易·文言》说："终日乾乾，与时偕行。"反复强调，君子应当勤奋不已，不能懈怠。孔子一生都"发愤忘食，乐以忘忧，不知老之将至"(《论语·述而》)，鄙视那些饱食终日，无所用心，不思进取的人。孟子认为，君子要干一番大事业，必须磨炼自己，"天将降大任于斯人也，必先苦其心志，劳其筋骨，饿其体肤，空乏其身，行拂乱其所为也，所以动心忍性，增益其所不能"，并警告说"生于忧患而死于安乐"(《孟子·告子下》)。

价值。中国文化的向上性是中国文化的刚性，符合社会历史发展的要求。马克思主义认为，世界是按照其自身规律运动着的物质世界，认识规律，利用规律，推动社会发展，都需要发挥人的主观能动性。因此，社会发展需要自强不息的向上性精神。中国共产党提出的“独立自主，自力更生”的思想是中国文化在当代的弘扬。

二、向善性：厚德载物

内涵。中华民族是和善的民族，中国文化是追求善的文化。儒家经典《周易》对中国文化的向善性做了高度概括，《周易·象传》说：“地势坤，君子以厚德载物。”意思是大地的气势厚实和顺，君子要象大地一样宽厚仁爱，有包容万物之胸怀。《礼记·大学》说“大学之道，在明明德，在亲民，在止于至善”，明确把追求善作为至高无上的理念。

表现：

博爱。仁是孔子思想的核心，也是儒家文化的中心范畴，儒家的思想基础是人道主义。“樊迟问仁。子曰‘爱人’。”（《论语·颜渊》）孔子从爱亲人推广到爱天下所有的人，“弟子入则孝，出则弟（悌），谨而信，泛爱众而亲仁”（《论语·学而》）。做到仁最简单的方法就是推己及人，“夫仁者，己欲立而立人，己欲达而达人。能近取譬，可谓仁之方也已”（《论语·雍也》）。“其恕乎，己所不欲，勿施于人。”（《论语·卫灵公》）孟子把孔子仁爱思想发展为性善论。孟子说“君子莫大乎与人为善”（《孟子·公孙丑上》），相信“人皆可以为尧舜”（《孟子·告子下》）。孟子说：“亲亲而仁民，仁民而爱物。”（《孟子·尽心上》）由爱亲人而爱百姓，由爱百姓而爱惜万物。

仁政。爱人而爱民，仁民而仁政。早在西周初年，统治者就总结并吸取了夏商灭亡的教训，提出了“以德配天”“敬天保民”的思想。认为统治者应当顺应民意，“民之所欲，天必从之”（《尚书·泰誓》）。爱民就要富民。孔子提出“富而后教”，要求对人民先“富之”后“教之”（《论语·子路》）。孔子主张德治或礼治。子曰：“为政以德，譬如北辰，居其所而众星共之。”（《论语·为政》）主张以道德教化为治国的原则。孟子继承了孔子的德治思想，把孔子的仁发展为仁政，认为统治者实行仁政就是“王道”，反对以暴政为基础的“霸道”。孟子提出了民本思想“民为贵，社稷次之，君为轻”（《孟子·尽心下》），认为人民才是国家统治的基础。

贵和。中华民族崇尚和谐和平，中国文化充满了和平主义思想。孔子所说的“礼之用，和为贵”（《论语·学而》），集中体现了这种文化精神。孔子说：“君子和而不同，小人同而不和。”（《论语·子路》）贵和必然尚中。儒家认为，要达到“和”的状态，必须保持“中”道。孔子说“中庸之为德，其至矣乎，民鲜久也”（《论语·雍也》），认为中庸是至高的德行。因为贵和，所以，中华民族有爱好和平反对战争的优良传统。孔子说：“夫如是，故远人不服，则修文德以来之。既来之，则安之。”（《论语·季氏》）墨子主张“非攻”，反对侵略战争，认为一切侵略战争都是“不义”。

价值。向善性是德行，是中国文化的柔性，它符合社会历史发展的方向。马克思主义认为，人民群众是历史的创造者。一切为了人民，一切依靠人民，以人民为中心是历史发展的必然。中国文化厚德载物的向善性精神，归根结底是以民为本，是与历史发展的方向一致的。中国共产党把全心全意为人民服务作为自己的宗旨，在新的历史时期，又提出以人为本，促进人的全面发展思想，是继承了中国传统文化的精神。值得注意的是，中国传统文化中的贵和尚中思想，对维护多民族国家的团结和统一曾起过积极作用。但它片面地强调“和”与“中”，有其保守的一面。中国共产党人用科学理论对它进行了改造。毛泽东说，事物的矛盾包含统一性和斗争性两个方面，统一性是有条件的、相对的，矛盾的斗争性是无条件的、绝对的。毛泽东还把它转化为方法论，他说：“以斗争求团结则团结存，以退让求团结则团结亡。”斗争要坚持“有理、有利、有节”的原则。毛泽东说：“人不犯我，我不犯人；人若犯我，我必犯人。”从而防止了善被恶亵渎，文明被野蛮践踏的历史悲剧重演，为维护公平正义提供了理论武器。

三、理性：遵道而行

内涵。理性，即讲道理。中国文化有一种理性的趋向。《周易》从天道引申出人道，就是理性精神的表现。孔子说：“志于道，据于德，依于仁，游于艺”。(《论语·述而》) 意思是君子应当有远大志向，一切思想和行为都必须合乎道德的要求，其核心就是仁。《尚书·周官》：“论道经邦，燮理阴阳”。“道”与“理”，“道”与“德”紧密相连。《礼记》说：“礼者，理也。”宋明理学吸收了佛道的智慧，赋予儒家道德学说以思辨性，从理论上论证儒家所主张的仁义道德的合理性。

表现。以人为本。西周时期，统治阶级就认识到，“天视自我民视，天听自我民听”(《尚书·泰誓》)。春秋时期，郑国子产说：“天道远，人道迩。”(《左传》昭公十八年）认为天道离我们很远，但人道离我们很近，因此，应当重视人道。孔子不论鬼神，“子不语怪、力、乱、神”(《论语·述而》)。他教导弟子：“务民之义，敬鬼神而远之，可谓知也。”(《论语·雍也》) 老子的思想以“道”为中心，“故道大，天大，地大，人亦大。域中有四大，而人居其一焉”(《老子·第二十五章》)。老子的世界观中只有自然和人。

求道精神。“道”是中国文化中最基本最常见的概念。“道”本来指道路，后来逐渐抽象化为客观规律以及对规律的真理性认识。《礼记·中庸》就认识到，“君子遵道而行”。《周易·系辞》说：“一阴一阳之谓道，继之者善也，成之者性也。”中国文化特别重视治国之道和人生修身之道。对于治国之道，孔子主张“为政以德”，孟子主张仁政，荀子主张“隆礼重法”，老子主张“无为”而治，《礼记·礼运》说：“大道之行也，天下为公。”中国文化尤其重视修身之道，认为修身是治国的基础。孔子说：“修己以敬”“修己以安人”“修己以安百姓”。(《论语·宪问》) 孟子认识到修身对治国有重要意义，他说：“天下之本在国，国之本在家，家之本在身。”(《孟子·离娄下》)《礼记·大学》认为格物、致知、诚意、正心、修身、齐家、治国、平天下是一体的，“自天子以至于庶人，壹是皆以修身为本”。求道、遵道精神是中国文化理性品格最鲜明的表现。

佛教的中国化。佛教传入后，长期受中国文化影响，到隋唐时期，与中国传统文化相融合，逐渐完成了佛教的中国化，形成了中国化的佛教。禅宗是最典型的中国化佛教。佛教的中国化就是把佛教思想融入我国古代儒、道两家的思想。禅宗融合中国儒家的人性论、道家的直觉主义思想等等，来解决佛教的基本问题，造就了中国特色的佛教。经过中国文化改造，佛教具有更加鲜明的理性精神、实践精神、人文精神。禅宗要从逻辑上解决三个问题：一是人能不能成佛，即成佛的根据问题；二是怎样成佛，即修行实践的方法问题；三是觉悟解脱的境界问题。

价值。中国文化的理性化符合认识的发展规律。马克思主义认识论认为，人的认识，就从实践到认识的过程来看，是在实践的基础上的辨证过程，认识采取了感性认识和理性认识两种形式，并需要从感性认识上升到理性认识。理性认识是对事物的本质与规律的认识，理性认识更深刻，对实践的作用也更大。中国文化的理性化趋向，由于时代的局限，并没有发展为科学。但它为走向科学做了文化心理的准备，当西方的科学传来的时候，很容易被接受。五四新文化运动中，中国很快接受了马克思主义。毛泽东把探索真理的方法概括为“实事求是”的科学方法，邓小平把它发展为“解放思想，实事求是”的方法论，为成功探索出中国道路奠定了基础。

中国文化具有向上性、向善性和理性的精神品格，三者之间是有内在联系的。向上性使得中国文化充满勇气，它为社会和文化发展提供了动力。向善性使得中国文化充满温情，它为社会和文化发展规定了人民性的方向。中国文化的向上性和向善性都包含在理性之中。中国文化既有刚性又有柔性，刚性和柔性的统一就是韧性，或者叫弹性。这是中国文化具有强大生命力的根源。由此可以看出，中国文化具有求真求智求善求美的禀赋，是当之无愧的优秀文化，能给人向善向上的力量。因此，中华文化能五千年不中断，并且在今天能够成为社会主义核心价值观的活水之源，能够为实现中华民族伟大复兴的中国梦提供强大的精神力量。

第四节　中国文化和坚定文化自信

文化自信是基于对一种文化的了解而形成的内在认同，是解决人们精神寄托与安放问题的必然要求。一个对自身文化有充足自信心和自豪感的民族能在各种思想大洪流中保持自身定力，坚持特色，做到行有所依。当前树立中华民族文化自信心，是继承和发展中华优秀传统文化的要求，对发展中国文化和增强中国文化的世界影响力具有重要作用。中国文化的悠久历史和知行合一传统都为文化自信提供了基础，以客观的态度对待中国文化是认识中国文化和坚定文化自信的必然要求。

中华民族文化源远流长，是中华民族在数千年的实践和生活中慢慢形成的，是中国人民智慧和思想的结晶。中国古代，尤其是唐宋时期，由于经济的繁荣和交往的推进，中华文化在世界上有着不错的影响力。进入近代后，中国逐渐落后于世界发展大势，中华文化的影响力也大不如前。而这一时期，西方迅速崛起成为世界的重要力量，相应地西方文化开始成为世界文化的主流。当前要增强中华文化的国际影响力，改变西方对中华文化的固有认识，必须在加强对中国文化的认知与理解的基础上，树立文化自信心。

一、中华文明历史悠久，为文化自信提供历史基础

中华文明具有五千多年的历史，并且延续至今未曾中断。世界上的其他古老文明，有的中断了，有的被转移了，一直延续下来的寥寥无几。中华文明既然能存续数千年并生生不息，至今仍然具有强大的生命力，一定有其内在的原因。历史悠久、内涵丰富、未曾中断的中华文化作为古老文明的代表，足以成为当今中国人民文化自信心和民族自豪感的源泉。寻求中华文明延续下来的原因，可以为今天增强文化自信提供坚实的支撑。

文化因相互交流和借鉴而丰富多彩，失去交流互动，文化也就会失去生命力而变成一潭死水。纵观各种文明的发展轨迹可以发现，呈现出强大生命力的必定是展开怀抱拥抱世界的文明。中华文化能够延续至今的一个最重要原因是它的包容性。它主张和而不同，尊重文化的多样性，不排斥多样文化和外来文化，能够做到与其他文化和平共处，并且在与各种文化类型互动交往的过程中吸收合理的成分，逐步发展壮大自身。从春秋战国时期的百家争鸣到宋代的儒释道合流再到新中国的“双百”方针，都在不同程度上体现出了中华文化的包容性。这种包容性使中华文化在面对与之有很大差别的文化类型时，不是一味地反感和排斥，而是相互学习、相互借鉴。正是这种包容性的特征使中华文化得以博采众长，一直处于世界文明发展大势之中，不至于失去向前发展的生机与活力。

二、中华文化的知行合一传统，为文化自信提供力量之源

中国文化主张实践与觉悟相统一、知与行相促，致力于实现天人合一的境界。“知”指一切意识活动，在各种各样的意识活动中存在着等级。“行”指所有生理活动，在各种类型的生理活动中也是有等级可分的。中华文化中的知行合一思想强调了实践与觉悟的统一性，从实践与做事中获得对事物和生命的感悟，把获得的感悟再用于实践从而获得新的感悟。如此推进，在知与行的统一中对生活和事物的认知，内容越来越多，层面越来越广，中华文化内涵得以不断丰富，呈现出生生不息之态。

中华文化历来重视知行合一的传统。孔子主张“行有余力则以学文”，在同一层面上分析了知与行的关系，强调了行在知前的地位，突出了实践在个人修养方面的重要性。朱熹提出了知先行后、行重知轻、知行相须，对知与行之间的辩证关系做出了相应解释，强调了行的重要性。之后的王阳明对“知行合一”进行了深入的分析，把知行关系发展到了一个新阶段，在理论和历史实践上都具有重要意义，进一步深化了前人对知行关系的认识。

毛泽东在继承中国传统文化中的知行观的基础上，运用了辩证唯物主义从实践与认识的关系方面对知行关系进行了分析。在对知行关系的认识不断深化的过程中，中国文化也在进一步丰富和前进。

知行合一传统是推动中华文化向前发展的内在动力。认识从实践中来，最后又反过来运用到实践中，在实践活动中得到校验与发展。在知行合一传统的影响下，各种思想认知不断堆积，个人修养不断提升，推动思想发展的内生动力不断增强。有着强大内生动力的中国文化历经了数千年的时间逐渐形成了自身独特的气质。从思想道德层面上来说，主要表现在重视个人品德修养，在实践中形成良好的德行。个人与社会从来都是统一的，个人思想道德层面的反思不仅会促进个人的进步，也会提升当时社会的道德水平。知行合一传统把实践与觉悟很好地结合在一起，催生出中华文化的内生动力机制，使中华文化在任何时代都能焕发出勃勃生机，为当前增强文化自信提供了依据。

三、正确对待中国文化，为文化自信树立正确态度

对一种文化只有加以了解和认识，弄清其发展历程，再分析其不足之处，有针对性地进行改进，才能取得进步。要真正做到文化自信，必须对中国文化有一个全面的了解，以正确的态度对待中国文化。对于中国文化，既不能一概否认陷入虚无主义，也不能过分赞扬陷入自满状态，而应该以一种辩证客观的态度去看待。既要看到中国文化合理独特的地方，又要在比较中看到中国文化的不足之处，做到在客观认识的基础上发展好本民族文化。

中国历史文化凝聚了一代又一代人的心血，当以客观精神来加以对待，不能把它当成死的东西任意分割，不顾实际而主观上随意解释。中国文化有其一脉相承的发展脉络，否定任一阶段的文化成果都会使之后的文化建设失去基础。从中国文化发展的历史中可以看出，中国古代文化在世界上有着非凡的影响力，曾一度引领世界潮流，但大都体现在各种应用技术领域。中国文化在重实用、轻理论方面存在的不足导致理论发展大大滞后于实践活动，所以加强中国文化的理论建设，使道德、理论和应用同步发展是重点。

笔者强调的文化自信并不是盲目的自信，而是在对中国文化客观认识的基础上做出的反应。尊重中国历史文化事实，以辩证客观的态度对传统文化在今天的作用进行分析，在批判继承的基础上发展创新，增强文化自信的内在基础。当前在全球化和信息化的时代中，坚定文化自信的深刻意义在于如何实现中华文化的复兴，使体现中国精神的中国文化再次屹立于世界的东方。所以，对于中国文化的不足之处要努力加以完善，做好相关理论研究，讲好中国故事，增强中国文化在国际上的话语权及影响力，为文化自信添加力量。

文化自信是在充分把握中国文化的基础上产生的，对更好地发展中国文化和增强中国文化国际影响力都有重大作用。中国文化历史悠久、源远流长，对它的认识与了解为坚定文化自信打下了最为根本的基础。中国文化又是一脉相承的，知行合一传统贯穿了它的发展全过程，理论与实践的相互促进为思想的发展提供了源源不断的内生动力，成为文化自

信的有力支撑。客观地对待中国文化是充分认识中国文化的必然要求，在看到中国文化的优点的同时也要认识到不足的存在，以正确的态度坚定文化自信，把握中国文化未来的发展方向。

第五节　中国文化的本质特征及其形成

文化是不同地域的人们创造出来的物质的和精神的财富。人类之所以不同于其他高智能动物，是因为人类的两大特点：一是人类会思维；二是人类会结群。前者叫思维方式，后者叫行为组织方式。讨论一个国家、一个民族文化的特点，应该从该国家、该民族群体的思维方式和行为组织方式入手。中国人在思维上的主要特征是整体的综合的思维方式，在这一基础上形成整体的和全局的思维观念。而在行为组织上的主要特征是以血缘和泛血缘化的方式结合为社会群体，组织社会生活和社会生产。中国文化的这些本质特征大约萌发于五帝时代，形成于西周的分封建藩，春秋时期孔子将其理论化和系统化，进而向平民社会推广，使其发展成为一种全民的思维习惯和行为习惯。

讨论中国文化是一个热门话题，尤其是进入 21 世纪以来，这一讨论更为热烈，一度吸引了众多一流学者。笔者通过“中国知网”检索自 20 世纪 80 年代以来以“中国文化”“中国传统文化”特征（点）为标题的几十篇文章，尽管各自对其结论概括和归纳的角度不同，如有的文章将其概括为五点、六点，有的归纳为七点、八点甚至十点，但总地来说，观点大同小异，在此就不列具体作者和篇名了，只将其有代表性的观点概括如下：整体的经验型的综合的辨证的思维方式；天人合一，阴阳互补的宇宙观；家国同构的政治观；重视人际关系的伦理本位观；天下一家的和合交友观等。2015 年，葛兆光先生在上海图书馆做了一个演讲，题目叫《什么才是典型的“中国”文化》，提出中国文化最具典型的特征有五：一是汉字的阅读、书写和通过汉字思维；二是家、家族、家国以及在这一社会结构中产生的儒家学说；三是“三教合一”的信仰世界；四是中国最有趣的阴阳五行；五是天下观念。葛兆光先生的这篇文章属于有关中国文化特征研究的最新成果，影响很大。但这篇文章与以前学者的文章一样，也是采用归纳法、列举法来概述中国文化特征的。笔者认为，以上有关中国文化特征的归纳毫无疑问都是正确的，但这种用列举法、归纳法总结出来的结论是否全面可靠？人们会追问：为什么说这些就是中国文化的特征？是否还有其他特征没有归纳其中？在这些文化特征中，是否还可以提炼出一些起提纲挈领作用的本质特征？如果我们从中提炼了这样一些本质特征，那么，其他一些细节性的东西，是五点还是六点，是多一点还是少一点就不是十分重要了。因此，笔者想换一个思路，换一个角度对这一问题进行思考。

首先，让我们回到问题的原点，即什么是文化。文化学者对文化的含义有上百种解释，但无论怎样解释，最基本的两点是无法回避的：第一，文化是人化，是人创造出来的物质的和精神的财富；第二，文化是有地域特色的。也就是说，文化是不同地域的人们创造出来的物质的和精神的财富。那么，文化既然是人创造出来的，无论是物质的，还是精神的，无非就是思维和行为的结果。人类之所以不同于其他高智能动物，是因为人类的两大特点：一是人类会思维，或者说，人类有远比其他灵长动物更为复杂的思维；二是人类会结群，即人类有其社会组织。前者叫思维方式，后者叫行为组织方式。当然，思维是第一位的，行为是第二位的，思维指挥着行为。而思维方式和行为组织方式又是受制于不同的地域环境的，即不同地域的人们有着不同的思维方式和行为组织方式，思维方式和行为组织方式决定不同地区的文化构成。张涛先生提道，“思维方式是一切文化的基础，思维方式的差异是不同文化体系的根本差异”。此言极为精准，不过笔者想说明的是：除开思维方式外，还有行为组织方式也属于民族文化的主要特征。马克思主义理论的创始人特别强调生产力、生产关系、生产方式对人类社会发展的基础和决定作用。因为笔者所说的行为组织方式实际就是人们的生产关系、生产方式和生活方式。因此，笔者以为，讨论一个国家、一个民族文化的特征，从该国家、该民族群体的思维方式和行为组织方式入手，才算抓住了牛鼻子。这里，笔者将思维方式与行为组织方式称为考察中国文化的两大抓手。

那么，中华民族在思维方式和行为组织方式上有着与其他民族哪些不同的特征呢？笔者认为，中国人在思维方式上（这里主要以西方民族作为主要参照物）的主要特征就是整体的综合的思维方式，在这一思维方式上构成的整体观和全局观；而在行为组织方式上的主要特征就是血缘和“泛血缘化”的结群方式，即以血缘和“泛血缘化”的方式结合为社会群体，组织生活和生产。

一、中国人的思维特征：整体的综合的思维方式

中国人喜欢站在整体和全局的角度进行综合思维，而西方人即重分解、重个体，喜欢用析分的方式来看问题。最能说明问题的是中医与西医的诊断方法，中医是将身体作为一个有机的整体来看待的，用的是辩证法，注意相互联系，认为人生病是整个身体的阴阳失调而在某个局部表现出来的结果。因此，中医反对“头痛医头，脚痛医脚”，而西医恰恰就是“头痛医头，脚痛医脚”。还有寄信写地址的顺序，中国人是先整体再局部，从大到小，即先写国家，再写省、市、县、乡、村；而西方人即从小到大。这很能说明中国人首先关注的是整体，是全局，其次才是个人自己；西方人首先想到的是个体，是自己，其次才是集体、国家。当然，中国人考虑问题，提出问题也有先小后大，先个人，后国家的，如《大学》就有：“物格而后知至，知至而后意诚，意诚而后心正，心正而后身修，身修而后家齐，家齐而后国治，国治而后天下平。”这里的格物、致知、诚意、正心都属于个人修养的准备阶段，前几项是为修身服务的，说的都是修身，说明修身的重要性，然后是齐家和治国，最后是平天下。这里的顺序就是先个体后国家。但这恰恰是中国人整体和综合思维方式的另一种体现：所有个体都心系国家和天下这个整体，对国家和天下的事情，都要从自我做

起，即做维护国家和天下利益的表率，而要做到这一点，首先就必须加强个人修养，抑制个人欲望，维护整体，即天下、国家的利益。这正是中国人整体观念和全局观念强的经典文献范本。

中国人整体和综合的思维方式的具体表述，笔者认为可以用12个字概括：尊重权威，拥戴核心、兼顾边缘。中国人历来就有很强的权威意识、核心意识。整体综合思维方式的要害就是拥戴一个核心，整体是在拥戴核心的基础上形成的，有了核心，才有凝聚边缘的能力和动力，边缘是在核心的基础上慢慢凝聚扩充而来的；而如果没有核心，也就无所谓边缘，当然也就没有整体。

整体的综合的思维方式，是中国人一切思维的起点和终点，是中国文化特征的总纲，其他所有特征都只是目，都可以被其统领于下。而上文所提到的学者们所归纳的中国文化的诸多特征都是从整体的综合的思维方式中演化出来的，下面让笔者一一进行分析。先说辨证的思维方式，天人合一和阴阳互补的宇宙观。所谓辨证的思维方式，是一种以发展变化的视角来认识世界的思维方式，认为事物是发展变化的，万事万物是相互联系、相互影响的。从纵向来看，事物是发展变化的，任何事物有它的成长期、兴盛期和衰落期；从横向来看，事物都是相互联系的，如学界提到中国传统文化中的相互性价值观，即相互敬爱关系、相互和合关系、相互平等关系、相互包容关系和相互守信关系。这都属于辩证思维方式的组成部分。而辩证思维恰恰是整体思维的一种表现。笔者将那种抓住一点，不及其余，好就是绝对的好，坏就是绝对的坏的看法叫作片面地、不全面地看问题，片面看问题就是站在个体的立场、局部的角度看问题，是以小极大的思维方式所导致的结果；而所谓看问题全面就是站在全局的角度、整体的角度看问题。所以说，辨证的思维方式正是整体和综合思维方式的一种表现，整体和综合的思维方式是辩证思维的起点和最终结果。换句话说，由于具有整体的综合的思维方式，才会辩证地去思考问题，而不是相反。

至于“天人合一”和阴阳互补的宇宙观，是因为农业文明时代的人们将天、地、人作为一个相互联系的宇宙整体来看待。阴阳五行注重的是整体，是全局，阴阳两面构成平衡，而金、木、水、火、土五种物质既相生相克、互相依存，又互相制约。同样，在这里，强调的是整体，而不是个体，只要任何个体的一方出现问题，整个体系就不能运转。还有，我们需要注意的是：不管是阴阳两面，还是金、木、水、火、土五行，它们之间的地位并不是绝对平等的，而是有一个中心。如阴和阳的中心是“阳”，“阴”属于从属地位，当然处于从属地位，不是可有可无的，而是整体的重要组成部分。而五行的中心是“土”，因为“五行”是由东南西北中五方的方位所决定的，木生于东方，金生于西方，火生于南方，水生于北方，土生于中央。而中华祖先的五帝就是这样拥戴出来的，黄帝是五帝之首，所以黄帝德“土”，其他依次是东帝、西帝、南帝和北帝，共同拥戴黄帝中心，这正是整体的综合的思维方式下的产物。

再看家国同构的政治观，或者说家国同体的思维方式。家国同构，或者说家国同体，同样可以归结到中国人整体和全局的思维方式中，是中国人整体思维的结果。家国，是说国是在家、家族的基础上逐步扩大而成的。那么，家族为什么会扩充为国家，它依靠的纽带是什么？这又是与中国在原始社会末期，即黄帝时期就形成的礼制体系有关，而这一礼制传统又被孔子所继承，发展为后世的儒学体系、宗法制传统。这正是葛兆光先生所说的“家、家族、家国以及在这一社会结构中产生的儒家学说”。这是中国人整体思维，全局观念的源头。宗法体系萌发脱胎于部落联盟时代的胙土分封和原始部落宗教，完善于西周周公所主导的分封体制。关于胙土分封，《左传 · 隐公八年》载：“天子建德，因生以赐姓，胙之土而命之氏。”也就是说，古代在胙土分封的同时，也就产生了最初的姓氏，有了自己的领地和姓氏，也有了自己所祭祀的祖先神灵。这一套礼制体系是因西周完善的分封制而得以建立的，到孔子时代，终于发展为一套礼制学说。而无论是原始部落时代的胙土分封，还是西周的分封制，抑或是孔子的儒家学说，整体的综合的思维特征是十分明显的。《春秋》是孔子的史学代表作，充分表明了他尊周的正统观念，就是在“礼崩乐坏”的大背景下，希望所有的诸侯国极力维护宗周这个核心，所谓“春秋笔法”，微言大义都是在维护宗周的核心地位。所以说，儒家学说正是整体的综合的思维方式的结果。

至于中国人的天下观念更是整体和综合思维方式的集中表现。这一观念，最早应该来源于《诗经》的“普天之下，莫非王土；率土之滨，莫非王臣”。“天下”观念视天下为一个整体，而这个“天下”均在周天子统辖之下，所有诸侯国都是整个天下的分子，宗周是整个天下的中心，即周天子居住的京畿、京师，因此，京畿又叫“中国”，即“中心”之国，整个天下都要服从这个中心，但中心同时必须顾及四方，这就是“五服”体系。所谓“五服”，就是对五种诸侯的一些制度约束：“邦内甸服，邦外侯服，侯、卫宾服，蛮、夷要服，戎、狄荒服。甸服者祭，侯服者祀，宾服者享，要服者贡，荒服者王。日祭、月祀、时享、岁贡、终王，先王之训也。”但西周对诸侯推行的是文德政治，越是亲近的诸侯要求越严，而对荒服的戎狄只要他认同周天子的尊主地位，不反叛就可以了；同时如果诸侯有了越出制度约束的举动，周王首先找自己的原因：“有不祭则修意，有不祀则修言，有不享则修文，有不贡则修名，有不王则修德，序成而有不至则修刑。”这应该是“先德而后刑”的最早规定。所以，“中国”天下观念是一种主动服从中心的自觉行为，是“中国”所拥有的高度文明对四周边缘具有强烈吸引力的产物。

还有，葛兆光先生说的用汉字进行思维当然也是中国文化的一大特点，但与中国人的整体思维比较，有大小之分。汉字只是一种思维工具，思维与语言同步，早于文字产生。几千年来，中国人之所以使用方块字进行思维，恰恰与中国人的整体思维方式有重大关系。当然，方块汉字作为思维工具反过来有利于中国人进行整体的综合的思维，而整体的综合的思维方式又维持了汉字几千年不变的地位。汉字有一个重要特点，就是形象、声音和辞义三位于一体；不比拼音文字，形象、声音和辞义三者是相互分离的，说明汉字是整体的综合思维下的产物。这一特点保证了近 4000 年前的文字，现在的人还能够认读，从而对中国文化能够延续几千年而不中断起到重要作用。

另外，中国人还有一个与西方人决然有别的重要传统，就是中国人追求统一，西方人却崇尚分裂，这是因为西方人崇尚自由，强调个人主义，不愿意服从权威。与欧洲相比，中国从西周开始就是一个统一整体，发展到清王朝构成一个更大的统一体。整个中国古代的发展趋势是从统一走向统一；而欧洲的历史却是逐步走向分裂的。我国秦汉帝国与西欧罗马帝国所建立的时间大致相等，而汉帝国瓦解之后，尽管有过魏晋南北朝和辽夏宋金较长时期的分裂，同时在这块原有的土地上，不断建立起新的统一帝国，晋、隋、唐和元、明、清帝国；罗马帝国瓦解之后，到公元 6 世纪中叶，日耳曼民族也曾建立起一个强大的法兰克王国，到公元 8、9 世纪之际，国王查理曾一度基本统一了欧洲大陆，但到查理死后，子孙们为争夺政权和土地相互斗争，国家从此四分五裂，再也没有能够建立起新的统一帝国。到 16、17 世纪随着近代资本主义势力的兴起，西欧曾陆续出现了一批统一的民族国家，但这些统一国家，实际上就好比我国战国时期秦、楚、齐、赵、魏、韩等诸侯国一样，是在原有分裂的基础上形成的民族国家，与中国在清朝形成的新的中华民族统一体的国家是完全不同的。也就是说，法兰克王国瓦解以后，欧洲就再也没有重新统一的内在动力，其结果是无休止的分裂，后来在近代陆续形成的民族国家是对法兰克王国大分裂的一种民族法理的认同。而中国与欧洲大陆差不多相等的土地面积，中国是一个整体，即一个统一的民族国家，而西欧却有 40 多个国家和地区。尽管欧洲于 1993 年建立了欧盟，但也只是一个临时的松散的组织，随时有瓦解的可能，现在英国脱离欧盟就是一个证据。也就是说，中国文化与以欧洲为代表的西方文化相比，其最大的不同，中国文化追求统一，而西方文化崇尚分裂。中国几千年的发展历史，追求统一是一种历史趋势，是一种人心所向。中国历史上当然有分裂，分裂伴随而来的当然是民族冲突，但冲突之后即是民族融合；分裂当然有野心家在起作用，但绝大多数情况下，是中华民族多元一体格局发展的必然，是边缘受中心地域的影响不断地试图融合到中心来的表现，当边缘文化与中心文化的融合完成之后，就必然走向统一，而这正是中国人整体的综合的思维的一种最具体的表现形式，是边缘拥戴中心，中心兼顾边缘所产生的结果。

葛兆光先生提到的“三教合一”的信仰世界，实际也是整体思维的结果，“三教合一”的信仰世界是一种融合为一体的信仰体系。儒释道三教，你中有我，我中有你，构成一个有机的整体。而西方人在信仰上非此即彼，一人绝不同时信仰两种宗教，中国人即能够将各种思想融会在一起，构成一个新体系，这正是整体的思维方式在思想信仰上的表现。至于学界提到的天下一家的和合交友观等属于一个文化融合问题，这还与中国人的行为组织方式有关，因此，放到下一个部分进行分析。

二、中国人的行为特征：血缘和“泛血缘化”的组织方式

下面谈一谈中国人的行为组织方式。人类生活在世界上，必须结成一定的关系才能生活下去，这就是马克思历史唯物主义所说的生产关系。“物以类聚，人以群分”，是说的不同人群，以一定的纽带联系起来，不同文化的人群采取的社会组织形式和生产生活方式是

不同的。费孝通先生在《乡土中国》中提到了中国人与西洋人不同的结团方式，说西洋的社会有些像我们在田里捆柴，几根稻草束成一把，几把束成一扎，几扎束成一捆，几捆束成一挑。每一根柴在整个挑里都属于一定的捆、扎、把。每一根柴也都可以找到同把、同扎、同捆的柴，分扎得清楚不会乱。而中国的社会格局像把一块石头丢在水面上所发生的一圈圈推出去的波纹。每个人都是他社会影响所推出去的圈子的中心。他给中国人这种结团方式起了一个名，叫“差序格局”。费先生认为，西洋人的群团关系清清楚楚而不混乱，但中国人群团关系的界限却比较模糊且可以无限延伸。从理论上来说，中国人是可以将全地球上的人结为一个群团的。尽管越到后来，其维持这一群团的纽带越松弛，但理论上却有这种可能，而西洋文化却不具备这一点。

那么，中国人维持这种群团关系的纽带是什么呢？是血缘，中国人家庭、家族观念特别重，宗族制度贯穿整个中国历史。在中国古代，所有生产生活方式都是以宗法制的形式进行的，家庭、家族、宗族是古代基层社会的全部。再从精神生活的最高形式：宗教信仰来看，中华民族的宗教是祖先崇拜。牟钟鉴先生提出：我国古代的正宗大教是“宗法性传统宗教”，它以天神崇拜和祖先崇拜为核心，以社稷、日月、山川等自然崇拜为羽翼，以其他多种鬼神崇拜为补充，形成相对稳固的郊社制度、宗庙制度，以及其他祭祀制度。这一信仰形式可以用“敬天法祖”四个字来进行概括，其核心就是祖先崇拜，而祖先崇拜的纽带就是血缘。这种宗教也可以称为血缘宗教、祖先宗教。这种以宗族血缘为特征的正宗大教是从华夏部落宗教的基础上发展而来的，带有原始文化的痕迹，《国语·楚语下》记载了观射父所述“绝地天通”故事，这一故事就提到原始社会时代的祝、宗等宗教人士就是专门负责敬天祭祖的职业人士。

我们再反观世界上其他宗教信仰与我国明显不同。比如，基督教和佛教是明显脱离血缘和世俗生活的。基督教认为，尘世是一个罪恶的世界，要想脱离罪孽，就必须加入基督教，成为天父基督的儿子，入教必须履行一个仪式，接受洗礼，表明与尘世的彻底决裂，脱离与其生父母的关系，这在观念上当然导致血缘关系淡漠。佛教文化也一样，中国人当和尚叫出家，就是抛弃家庭，彻底脱离与父母与家庭的关系。当然，西方文化在原初时期也是重视血缘因素的，如恩格斯在《家庭、私有制和国家的起源》一书中用专章来论述罗马的血缘氏族关系，他说：“亲属关系在一切蒙昧民族和野蛮民族的社会制度中起着决定作用。”但世界其他民族的宗教文化都是在突破原始文化的基础上发展起来的，如基督教起源于公元1世纪，伊斯兰教迟至公元7世纪才得以形成，佛教最早，也只是公元前6世纪诞生的。所以，尽管血缘因素也是这些民族的原始文化基因，但由于他们的文化在后来的民族冲突中出现了断裂，中断了其对原初文化的继承，因此，只有中华民族文化因其连续而未中断发展，使血缘关系作为人际交往的纽带，成为中国人最为本质的文化特征之一。

不过，自然的血缘纽带还不能完全解释中国人所有群体的行为。因为从理论上来说，中国人可以将整个世界联系成一个超大群体，而血缘方式只能够解决小群体的连接纽带，不可能解决大群体之间的关系。真正能解决大群体关系的是一种“泛血缘化”的组织方式，又可以叫拟制血缘关系。所谓“泛血缘化”，就是将血缘关系的结团方式推向非血缘关系的人群，使血缘扩大化。“泛血缘化”方式更是中国人在人际交往方面区别于其他族群的主要特点，是我们祖先在生产生活实践中创造的属于中国文化中最具有本质特征的又一元文化。我们知道，学界在进行中西文化比较时，一致将西方文化称为“契约型”文化，中国文化叫“伦理型”文化。林其锬先生在此基础上提出了中国人社会关系网络的“五缘”文化概念，所谓“五缘”，即亲缘、地缘、神缘、业缘和物缘，是说中国人喜欢以这五种关系组成社会群体。这五种社会关系结成的群团，其中亲缘是基础，是以血缘作为联系纽带的；而其他四缘即是以拟制血缘，即“泛血缘化”的方式作为连接纽带的。

中国古代自东周以降遍布民间的结义兄弟，孔子3000多弟子的学缘群团，墨子门下数百徒弟的手工业行会群体组织，都是以“泛血缘化”的方式构建起来的；还有东汉末年的桃园三结义、北宋水泊梁山108头领的聚义活动，以及明清以降遍布全国各地大中小城市的各色会馆及工商行会组织，清末民初的各种帮派和会党莫不以“泛血缘化”的形式结成群团。而孔子的仁者“爱人”“泛爱众而亲仁”“己所不欲，勿施于人”的“推己及人”原则以及孟子的“老吾老，以及人之老，幼吾幼，以及人之幼”的仁政理想，以自己的亲人为起点，将仁爱依次扩及世界所有人，其所依据的就是中国“泛血缘化”的行为组织方式。习近平主席提出的构建“人类命运共同体”的倡议已被写进联合国决议，而“人类命运共同体”正是对我国传统的“协和万邦”“和而不同”“天下一家”观念的新诠释，其价值理念即来源于中国先民“泛血缘化”的行为组织方式。

最能说明中国人具有血缘与泛血缘化行为组织方式特征的，是两大只属于中华民族的历史文化现象：一是中华民族多元一体格局的形成，二是中华民族文化作为世界上唯一延续五千年发展而未曾中断的古老文化。前者说的是中华民族文化融合的特点，这在世界民族融合史上是具有独特性的，这也与学界所称的中国人具有“和而不同”的和合文化理念相一致；后者更是一个举世公认的历史文化现象。而这两大历史文化现象之所以形成，均与中国人行为组织方式的血缘和“泛血缘化”特征有重大关系。学界对中华民族融合有一个共识，就是文化标准优先于血缘标准。这不是说只重视文化标准，不重视血缘标准。当民族融合还没有完成，血缘还容易分辨的时候，血缘还是很看重的，但一旦民族融合深入发展，文化便提上日程，血缘即退居次要地位。因此，在民族血缘和民族文化二者之间，文化最终具有决定地位。重视文化，就是重视先进文化的优先价值，认同自己为先进文化民族群体的一员，进而改变自己的血缘认同；而先进文化族群一旦发现文化后进群体认同自己的文化时，也就认同后进文化族群的血缘附会，所谓“夷进于中国即中国之”就是此理。这正是一种典型的“泛血缘化”的行为组织方式，而中华民族多元一体格局正是在这种行为组织方式的基础上融合而形成的。

而我们说，中华民族文化延续五千年而不中断，更准确的说法，不是不中断，而是中断之后还能够接续下来，即后世的异族王朝自觉认同前朝的文化，做前朝文化的继承者，甚至为了认同前朝文化，不惜去冒认前朝统治者的祖先为自己的祖先，而这正是“泛血缘化”行为组织方式的具体表现。王希恩说:“我们讲民族具有血缘性,除了一部分真实之外,更大部分是出于认同需要的‘血缘拟制’。”如兴起于公元前3世纪的匈奴族，在族源寻找上，硬要说自己是夏后氏的后裔。十六国建立的后赵政权的刘渊说自己是刘邦之后。鲜卑慕容氏称自己先祖为有熊氏之苗裔。氐族出身的前秦，即称“其先盖有扈氏之苗裔”。后秦的姚羌政权也称其先祖为有虞氏之苗裔。北魏王朝在书写自己的国史《魏书》时也冒认黄帝为自己的远祖，而其中对有关拓跋部落族源的记载贯穿着一种长期颠沛流离，最后终于返祖归宗的悲壮情怀。拓跋鲜卑这样煞费苦心编造自己族源的目的,是为了争中华正统,要争正统，又必须加速汉化改革，最后被融合为汉民族的一员，北魏汉化改革的最大成果是统一的隋唐王朝的崛起，从而将中断发展的文化延续下来。正由于后来的统治民族对前朝统治民族文化的认同，才使得中国文化能够源远流长而未中断发展。

综上，无论是中华民族多元一体格局的形成，还是中华民族文化几千年不中断的连续发展，都是中原的中心和熔炉地位所起的作用，是中原文化的独特魅力，而这一文化魅力之根正是华夏先祖整体和全局的思维方式和血缘和“泛血缘化”的行为组织方式所铸成的。

三、中国文化本质特征的形成

那么，中国人这种整体和全局的思维方式以及血缘、泛血缘的行为组织方式的特征大约形成于何时？笔者认为：萌芽于五帝时代，形成于西周，春秋时代开始走向理论化和系统化。首先分析中国人思维方式的形成。中国人整体的全局的思维方式的源头可以追溯到黄帝占有中原。黄帝打败炎帝，占有中原，创造了当时最为先进的，远高于四周族群的礼乐文化，从而成为四周族群顶礼膜拜的中心，“中国”概念自此形成。

“中国”这一语词到底形成于何时，学界有争论。于省吾先生认为产生于武王时期，其证据就是“何尊铭文”中的一段铭文:“唯王初宅于成周……武王既克大邑商，则廷告于天曰，余其宅兹中或（国)。”杨宽在《西周史》，葛剑雄在《统一与分裂：中国历史的启示》中均遵从这一说法。胡厚宣先生则根据卜辞中有中商与东西南北并贞而认为殷商时期有了“中国”概念，而苏秉琦先生即认为五帝的尧舜时代已经产生了“中国”的概念。其实，这些争论没有太大的矛盾。因为于省吾、杨宽、葛剑雄与胡厚宣等先生的证据是文字资料，而苏秉琦先生所说的是指“中国”这一概念在言语上的诞生，并指出当时的“中国”是万邦时代一个不十分确定的中心。作为文字上的名称是要远落后于概念和观念的诞生的。从各种历史文献记载来看，“中国”概念诞生于黄帝至尧舜时期应该是说得通的。

但也有人认为，华夏先民将自己的居住之地称为“天下之中”没有什么奇怪的，如章太炎先生说:“中国之名别于四裔而为言。印度亦称摩伽陀,为中国;日本亦称山阳,为中国,此本非汉土所独有者。”田继周先生也说:“任何民族和国家，在其初期发展阶段，由于受天文和地理知识的限制，总把自己的居地视为‘天下之中’，我国‘五帝’和夏时，当然也存在这种观念。”这种说法当然是正确的，但其他民族的这种现象只存在于原始文化诞生的一段时期，而中华民族的“中国”概念却一直保留下来，最后成为中华民族所有成员的祖国的名称。例如，日本尽管原初有“山阳”的文化中心概念，但后来遭遇更为先进的中华文明之后，本土的这一概念就消失了，反尊中国为文明中心。因此说，我国最早称中原地区为“中国”不仅仅是中原人自己的称呼，更是几千年来周边文明对中原的他称，这与民族的形成一样，费孝通先生说：民族的族称，是先有他称，然后才有自称的。“中国”这一名称的出现确实是因为中原诞生了远高于四周族群的文化和文明，正由于此，尽管其他民族和国家在早期文明发展中，可能有自称为文化中心的地区，但他们的这一称呼未能长期保留，而我们“中国”这一称呼却能够流传几千年而延续下来，成为一种独特的文化标志。同时，正因为“中心”是四周族群推举的结果，因而有了“中心”，也就有了四方，有了边缘，整体的综合的思维方式逐渐萌发。也正由于“中国”最初与“中原”是同义词，所以后世有人说“中国”是一个地域概念、一个文化概念，而不是国家概念。其实，应该说古代的“中国”最初确实是一个地域概念、文化概念，但同时也是一个政治概念，因为它也是最早的京畿所在地，“中国”就是“中心之国”“中心之都”，是一个政治中心，正是在“中心之国”和“中心之都”的基础上逐步演变为民族和国家概念的。

如果说我们可以将这一思维的文化源头追溯到五帝时期的话，那么，对这一思维的形成具有决定性的制度源头应该还是西周分封制的建立。这是因为：第一，西周是中华民族文化第一个发展周期，华夏文化的鼎盛时期，如果说黄帝所创造的礼乐文化还非常原始和粗糙的话，那么，西周时代已发展得非常完善和精致了。第二，到西周时期，“中国”的位置已经正式固定下来，并成为四方诸侯国朝贡的中心。前文提到，在五帝至殷商时期，“中国”的地理位置并不固定，或在晋南，或在殷，西周战胜殷商，尤其是周公东征，镇压武庚叛乱之后，全面推行分封制度，营建雒邑，“中国”的地理位置才正式固定下来。《史记·周本纪》：“成王在丰，使召公复营雒邑，如武王之意。周公复卜申视，卒营筑，居九鼎焉。曰：‘此天下之中，四方入贡道里均’。”以雒邑为中心的分封制度是一个天下制度，将地理上所有的人都看作周王的臣民：“普天之下，莫非王土；率土之滨，莫非王臣。”《礼制》规定的“五服”体系就是基于这样一种理念，依据离宗周距离的远近来决定其依附的程度，进而辨认敌友。这是一个虚拟的体系，除知道中心是宗周，叫作“中国”外，谁也不知道“五服”的边界在哪里？没有绝对的边界，也就没有绝对的敌人，只有远近亲疏不同的朋友，却有非常明确的中心，非常明确的拥戴对象。葛兆光先生也说：古代中国的空间虽然边缘比较模糊和移动，但中心始终相对清晰和稳定。既然有了拥戴的中心，就有了整体观念、全局观念。西周被视为天下大一统的开始，春秋战国是中国历史上的第一次大分裂时期，这个分裂来自西周的统一。“天下一家”观念就是整体和综合思维的结晶。如果说西周建立的分封从制度上确立了宗周的中心地位的话，到春秋时期，孔子在《春秋》中提出了“大一统”理论，进一步强固了宗周为天下共主的观念。所以说，中国的整体思维和全局观念从制度因素来看，至少是在西周灭殷，营建雒邑，实行全面的分封制度之后便全面形成了。到春秋时代，通过孔子学理上的阐述而得以传布于整个社会层面，随着后来儒学地位的独尊，这一思维和观念不断得到强化。

下面再来考察中国人血缘和“泛血缘化”行为组织方式的形成。西周与夏商在思想界一个最大的不同就是有了历史反思，即反复总结夏、商作为曾经不可一世，号称“天命永存”的帝国，为何后期那样不堪一击。反思的结果：认为夏商后期的君王放弃道德修养和主观努力，导致政治治理混乱，从而被上天收回成命，于是得出天命不是永恒的思想认识。因此，要想自己的统治长治久安，就必须既重视天意，又体恤下民、尊重人事，在此基础上，西周君臣提出了“敬天保民”这一思想史上的重大命题。这个“民”既可以理解为与贵族、君主相对的平民百姓，又可以理解为与天神相对的“人”。那么，“保民”就是说西周统治者既要勤政为民，加强个人修养，发挥自己的主观能动性，又要体恤下层人民的利益，尽可能地照顾更多的社会群体。后世称西周的这种政治体制为“文德”政治，西周分封制的建立就是以这一理念为基础的。那么，西周的分封制就必然是一种全面开放的制度，他要尽可能地将更多的族群团结在自己的周围。如果将大量的异姓诸侯排除在这一体系框架之外，肯定要出大问题，这是因为在灭殷的过程中，异姓诸侯是出了大力的，如姜太公吕尚就是一个大功臣。而《论语·泰伯》记载孔子赞扬文王：“三分天下有其二，以服侍殷。”就是说在周文王时代，作为西部的诸侯姬周就得到了当时三分之二的诸侯国的拥护，所以，当武王伐纣时，“不期而会盟津者八百诸侯”。这些诸侯主要是异姓诸侯。因为这时，周还没有成为中原共主，还不可能分封大量同姓诸侯。同时，瞿同祖先生也根据马端临的《文献通考》“封建考”指出：周的同姓国有 54 国，异姓诸侯国也有 45 国，而姓氏不详者有 34 国，那么，所有诸侯国加起来，春秋时代还有 132 国。可知异姓诸侯人数可能还多于同姓诸侯。也有古书上说周武王初分封诸侯国有 1733 个。皇甫谧的《帝王世纪》也说：“武王伐纣之年夏四月乙卯，祀于周庙，将率之士皆封诸侯国四百人，兄弟之国十五人，同姓之国四十人。”这一切都说明为周打天下的异姓诸侯是相当多的。过去，在谈到西周的分封制时，过分强调其同姓诸侯数量，忽视了异姓诸侯的数量。这主要是受《荀子·儒效》说周“兼制天下，立七十一国，姬姓独居五十三人”的影响。也许，实际情况可能并不如荀子所说。当然，我们不否认西周分封的核心是同姓诸侯，但同时我们也应该看到异姓诸侯的分量。

因此，西周的分封制度就必须是一种能够将同姓和异姓诸侯都维系其中的制度体系，于是周公在分封制中创立了宗盟体制，在血缘宗法制的基础上创造性地提出了拟制血缘，即“泛血缘化”的人际关系网络。王震中在分析商周时期的思想变革时说道：“从周初开始，周人（特别是周公）在把对天的崇敬纳入礼制框架时，提出敬天保民的理念，并由此导致从商代注重‘人神关系之礼’发展为周代注重‘人际关系之礼’……以周公为首的周初统治者，在把商代‘人神关系之礼’改造为周代‘人际关系之礼’的过程中，最重要途径即抓手是引入‘德’的理念和规范，形成天命与德治、天命与民意相结合的辩证统一。”这应该就是中国文化重视人际关系的最初源头，而这种人际关系主要就是用来协调周天子、周王室与分封诸侯之间的关系，同姓诸侯适用于血缘网络，而非同姓诸侯即适用拟制血缘关系，即“泛血缘化”网络。血缘关系是一种自然关系，是天道；而拟制血缘关系是一种人为的关系，是人道。这又与“敬天保民”的价值观念相吻合。

宗盟体系的建立，有效地将所有族群笼络在西周政权之下。如果说滥觞于西周分封建藩的宗盟制度是将“泛血缘化”的人际关系推行于上层贵族社会，是一种政治实践的话，那么，孔子即完成了两大创建，一是将“泛血缘化”的行为组织方式上升到理论层面，这就是“仁学”的“泛血缘化”理论的形成；二是将“泛血缘化”这一人际关系网络向平民社会推广。而其理论提升和实践推广的平台首先就是他的私学学生群体。我们知道，孔门弟子有3000多人，来自各个诸侯国，为了调整这一复杂群体之间的关系，他将血缘关系模式推广到师生和师兄弟之间，建立起拟制的血缘关系，“四海之内皆兄弟”就是拟制血缘关系在孔门弟子之间运用的最好说明。孔门师徒将血缘关系向拟制血缘关系转化，其坚持的原则是“仁爱”理论。仁义礼节首先运用于自己亲属内部，然后逐步向外扩展，及于天下之人。但如果血缘亲属中有人违背了“仁爱”准则，就会被驱除出血缘关系网络；而非血缘关系的成员之间也可以血亲兄弟视之，建立起拟制的血缘关系。《论语·颜渊》章所记载的关于孔子、子夏对司马牛因亲兄弟桓魋背叛有恩于自己的君主而产生的烦恼所做的思想调解工作的三段语录就是其师徒对仁学泛血缘化理论最为具体的实证讨论。首先是司马牛三番五次地向孔子讨教“仁”和“君子”问题，而孔子分别以“其言也讱”和“君子不忧不惧”来回答，并向司马牛直承，对于桓魋这样不仁不义的兄弟，没有又何妨，意思就是要其断绝与桓魋的兄弟关系。而当司马牛发出“人皆有兄弟，我独无”的感慨时，子夏即以“生死有命，富贵在天”“四海之内皆兄弟也，君子何患乎无兄弟也”进行劝慰，其意是我们都可以是你的兄弟，你还怕没有兄弟吗？从而全面完成了“仁”学由正式血缘向拟制血缘即“泛血缘化”的理论转化。从此以后，整个中国古代，如果说，被皇权认可的乡村治理主要依赖于具有血缘性质的宗族、宗法组织的话；那么，盛行于江湖社会的便是带有浓厚“泛血缘化”特征的各种非正式组织。

第二章　英语教学与中国文化的理论研究

第一节　英语教学中中国文化的输入

近年来，越来越多的学者意识到了英语教学中中国文化缺失的问题。基于此，本节将探讨公共英语教学中如何输入中国文化的问题，并提出相对解决途径，从而实现课堂中中国文化输入的目标。

21 世纪是全球化加剧的时代。在这一背景下中国的国力继续增强，中国在世界舞台上的地位越来越重要。中国的文化价值骤然提升，中国文化的魅丽日益彰显。在“中国梦”的推动下，要让我们的文化在国内复兴，让文化发展壮大走出去。公共英语教学的教师应意识到作为文化输入者的责任，从语言教学者的角度探讨公共英语教学中，中国文化的输入问题。

一、公共英语教学中中国文化输入方面存在的问题

翁义民、王金平曾提及英语教学中本土文化缺失，并指出英语学习者用英语表达中国文化的水平普遍低于表达英美文化的水平。赵海燕指出“英语教育中的文化教学长期被当作是英美文化教学，从而导致母语文化在英语教学中的缺失现象非常严重”。而中国的英语教育也造就了中国文化反向传播的条件和途径。在对各个出版社出版的公共英语教材的使用和了解中发现，在最近几年新出的教材中，各个出版社已经关注到了这一点，开始增加中国文化输入相关的内容，但这一输入不系统不全面，文化输入方式相对简单，要么是中国传统故事的简单介绍，要么是对中国文化中的某一点笼统的翻译。也有文化知识点的粗略输入，大多以翻译性质、讲解性质的文章为主，没有系统全面地、有特色、有历史知识的输入。此外文化输入量较少，和教材中其他内容比，它只占一小部分内容。因此，教师在选取教材、编写教材时要注意到系统性、知识性、准确性，保证输入内容、输入形式的合理、正确。在保证输入数量的同时确保输入质量。有些课堂由于教学进度、教学内容、教学时间等诸多因素，或忽略此部分内容的学习，或是留作课后阅读，或做简单翻译处理，不能够给予足够重视。也因考试题型的原因，学生不重视教材中的此部分内容。由此可见，教师本身对中国文化的摄入量过少，并缺乏系统广泛的输入，最终影响输出效果。学生在

学习过程中也缺乏对中国文化了解的主动性。

二、公共英语教学中中国文化输入的途径及方法

文化是我们的精神财富，是一种社会意识形态，是民族之根。任何语言的学习都不能脱离对文化的学习，“文化意识”的培养已是英语教学中不可缺少的一部分。要培养英语文化意识，更要探讨英语教学中中国文化意识。

首先，在特定的课堂教学中对教材的选择上，应注重教材中中国文化的质量、内容及形式。教师本身需积极参与教材编著、关注中国文化输入，同时也需提升自身中国文化的学习，加深对自身文化的了解，加大自身文化输入。

其次，教师在授课过程中应重视对学生的文化输入。让学生从思想上重视中国的文化，而不是一味地输入西方的文化、西方的思维。教师要用自身的文化修养去影响学生，带动学生学习中国的文化，从而实现高效的文化输入。教师对学生的文化输入可以有多方面的指导，课堂里重视文化内容，使用各种有效的教学手段、教学方法完成课堂中的输入。课外结合各种教学辅助工具，如学习通、在线课程，开设一些系统的关于中国文化的课程让学生完成课下输入，或分配任务让学生完成自主输入，并将输入进行讨论分享，不仅提高了英语学习水平，培养了学生自主学习能力，还达到了文化输入的目的。有输入必然会有输出。在课堂设计中，教师要做合理安排，课前课后阅读内容的布置、课堂中每一环节的设计如演讲、小组讨论、故事比赛、知识竞赛等都可以激发学生学习的兴趣，提高学习效率。要通过渗透、激发学生学习英语的兴趣，提高英语教学的有效性，同时也了解自身文化。公共英语学生学习英语是为了交流，这种交流不但包括普通的日常交际，而且包括信息和文化的双向沟通。在传统的英语课堂教学中，其教学模式以教师的知识灌输为主，主要灌输英语语言知识，将语法、词汇、篇章作为侧重点，学生的积极性不高，双边教学的体现不明显。而在现代的英语课堂教学中，在多媒体、慕课、微课等各种手段辅助下，课堂教学发生了重大变化。因此，在日常英语课堂教学中，应该采取灵活、多样的教学方式，适时地渗透中华传统文化教育，激发学生学习英语的兴趣，从而提高教学的有效性，达到中国文化输入的目的。

最后，以考促学。考的方式可以多样化，线上的输入考试，如翻译、写作、填空。线下的学生分组讨论、分享，如讲好中国英语故事，用英语了解中国节日、中国名人等等。近年来四级考试中也加入了中国元素的考察。翻译内容就是中国文化输入输出的考察。学生通过准备各种形式的考试，掀起学中国文化热，加大了对中国文化的输入，并最终实现对自身文化的认同感、自豪感，从而逐渐实现中国文化的复兴。

三、公共英语教学中中国文化输入的最终目标

思想上的重视。让学生从思想上重视我们民族的文化，而不是盲目崇拜他国的文化，

实现文化的自我认同感和自豪感。中国文化博大精深，只有去学习并深入了解才能发现并领略其魅力。教师潜移默化的引导会让学生逐渐从思想上明确英语学习不只是掌握英语这一语言、了解西方文化，同时还承担着将自身文化传播出去的使命。在跨文化交际背景下这一使命更为重要。

思维上的拓展。英语是一门工具，使用这一工具，我们可以和国际进行无障碍的交流，从而发扬我们的文化。文化的输入是为文化的输出打好基础。通过教学中的文化输入让学生在输入中进一步学习英语，学会熟练使用这一语言，提升英语水平。让学生把熟悉的文化知识融入英语学习，既可以提升语言能力又能进一步了解自身文化，实现双赢。

思路上的引导。叶圣陶曾说过，教师之为教，不在全盘授予，而在相机诱导。因此，公共英语教学中的文化输入目的在于诱导学生逐渐热爱自己民族的文化，承担起文化输出的责任，承担起民族复兴、中华文化复兴的责任，发扬我们的文化。让全世界领略中国文化魅力。

中国文化博大精深。作为教师要承担起课堂里文化输入的责任。在有效的时间里，运用各种方式、方法扮演好文化输入的引导者。同时，自身也要进行系统、广泛的中国文化输入，从而达到更有效的输出。

第二节　中国文化融入大学英语教学的必要性

在本节中，笔者首先阐述在大学英语教学实践中融入中国文化的必要性，然后提出相应的实现策略，以期为培养大学生的文化素质、提升强化学生的英语运用能力、跨文化交流能力献言献策。

当前，大学英语教学的主要目的是学好英语输入，重点学习西方国家的文化，但在英语学习过程中，很少触及中国文化，使得很多学生，甚至是少数教师，在用英语介绍中国文化时，遇到了很多尴尬甚至是困难的情况。可见，在大学英语教学实践中融入中国文化十分必要。由此，笔者总结本节。

一、中国文化融入大学英语教学实践的必要性

（一）培养、强化学生的评判文化意识

批判文化意识指的是在深入了解本国、他国文化的前提下，具备评价文化观念、文化产品的能力。将中国的文化融入大学英语教学实践，可以让学生通过对比，对目的语文化进行更好的了解，通过学习上述两类文化，更深入地了解二者之间的不同及多元化，对中国文化进行学习，能更好地积淀学生的文化基础，这对于学生学习目的语文化来说是有很大帮助的，同时，指导学生同时学习中国文化和目的语文化，可帮助学生更加全面地认知

中国文化，增进学生的民族情感，从真正意义上解决国际交流过程中遇到的难题。

（二）增强学生的文化信心

现在，和中国文化相比，西方文化比较强势，一些学生在学习西方文化的同时，会贬低中国文化特别是中国的传统文化，对自己的国家和民族产生很大的自卑感，甚至一些学生还会怀疑、批判中国的传统文化和某些价值观念。之所以存在这一现象，关键原因是学生缺少对中国文化的认知。学习语言和学习文化是相辅相成的，在对一门新的语言或是文化进行学习时，假设不能深入了解本民族文化，或是对本民族文化抱有不自信甚至是批判情绪，对学生构建自己的价值体系是非常不利的。在进行跨文化交流时，要对本国文化和目的语文化持有必要的中立态度，积极认可中西文化之间可相互通融，同时又认识到两种文化之间也存在差异。每种文化的言行举止、日常生活习惯都有很大的差异，但是并没有好坏之分，我们要对自己的民族文化抱有相信的必要态度，同时，借助英语学习，将我们的民族文化更好地传播给世界。系统地学习中国文化，可为学生留下深刻的文化印记，强化学生的民族自信心，在国际交流过程中，能够清楚、客观地传播本国文化，交际对方也愿意学习并接受中国文化，这样也能很好地避免国家交流遇到难题。

（三）可以更好地、更客观地对中国文化进行传播

当前，中国的发展速度非常快，在国际经济、政治中的作用越来越重要，中华文化是世界文化不可或缺的一部分。然而，随着全球一体化进程的加快，很多外来文化正极大地冲击着中国文化，当我们尝试着和不同文化背景的人进行交流、学习他们的文化的时候，他们也在尝试着了解中国文化。所以，在进行语言学习的时候，学生有责任，也有必要让世界了解我国的文化背景。要想更好地传播中国文化，必须有深厚的文化积累，让语言学习者更好、更深入地了解中国文化，增加他们的文化内涵，也是大学英语教学过程中十分重要的教学任务。

二、怎样在大学英语教学实践中积极融入中国文化

（一）平衡中西文化的教材比重

要在大学英语教材基础上，结合社会的实际发展需求，整合优化与中国文化相关的学习资源，平衡中西文化的教材比重。对于大学生而言，英语教材是最基础的，也是最直接的英语学习工具。英国某专家指出：从本质上讲，课程是社会文化的聚集，所以，我们可以从社会学的角度，选择教材，也可以说是选择学习某种文化。目前，我国大学英语教学中，使用的教材基本不含有中国文化相关内容，所有的内容都是和西方文化有关，反映的是西方国家的社会、生活和价值观念。现在最需要做的就是平衡中西文化的教材比重，在大学英语教材中适当地增加一些中国文化，特别是在阅读类或是综合类教材中，更是要增加中国文化的比重，如中国的社会发展、经济发展、儒家思想等，帮助学生辩证地学习语言。

（二）丰富课堂教学的内容

课堂教学的方法、环境、内容和学生对知识的理解及获取有很大的关系。因为，在目前大学英语教材中，西方文化的优势较强，所以，在教学实践中，教学重点更倾向于学习西方文化，如果在教学实践中，恰当地引进中国文化，会让课堂气氛更加活跃、文化思考更加深入、文化内涵更加丰富。在语言教学实践中，教师可以使用多样化的教学措施，如情景模拟、文学鉴赏、组织讨论等，在教学实践中，学生会把自己的文化认知和课本中的文化意识进行对比，进而提升学生的文化批判能力和文化分析能力。另外，不同的专业，对文化的需求也不同，在日常教学中，教师要以专业兴趣为导向，提高学生的文化学习效率。

（三）提升教师的文化素质

各高校要结合自己的实际状况，为教师提供丰富的学习、培训等机会，切实提升教师的文化素质。教师是知识的传播者，他们的文化理念、教学素质等都会对学生产生深刻的影响，因此，教师不但要有很深的语言功底，还要有很强的跨文化交流能力。在日常教学实践中，教师要不断提升自己的文化素养和英语交际能力。

（四）增设文化课程，强化课外阅读

科学增设文化课程，可以更好地培养学生的文化观念及跨文化交流能力，高校要结合自己的实际需求，在各系、各年级增设文化必修或是选修内容。例如，中美文化对比、传统习俗典故、文学名著导读等。这些课程既可以对平衡中西文化的教材比重有较大的帮助，同时，也能帮助学生更深刻地了解中国文化，提升跨文化交流的能力。

综上所述，从本质上而言，大学英语的教学目的是培养学生的文化素质，所以，不能仅限于英语文化的学习，要适当增加对中国文化的学习比重，强化学生的英语运用能力、跨文化交流能力。故而，在教学实践中，教师要结合现在的教材，适时增加中国文化的比重，另外，教师要时刻积累、强化自己的文化素养，在教学实践中，让中西方文化输入更加均衡，提升学生的文化素养和跨文化交际能力。

第三节　大学英语教学中的双向文化导入

文化对一国的发展意义重大，大学教育对实现我国的教育目标和教育发展具有义不容辞的责任。但是在我国大学英语的教学过程中，往往过于强调欧美文化的输入，忽视了中国文化的导入，造成中国文化的失语现象。在中国崛起的背景下，大学英语教育必须强调双向的文化导入，这对传播和弘扬中国优秀文化、提高中国的软实力至关重要。大学英语教学中的双向文化导入必须坚持平等性、双向性和层次性的原则，从文化课程设置、教师能力培养、文化教材的编写以及考试形式沿革这几方面入手，推动中国本土文化的传承以

及在世界范围内的传播。

文化，对一个国家的发展意义重大，因为“一个国家的文化传统，它的凝聚力和影响力，是构成该国综合国力的一个重要方面……文化不仅在确定国家对外策略目标中起重要作用，而且对一国对外政策的手段和风格产生巨大的影响”。当代国际关系理论认为，一个国家的实力，不但体现在经济、军事、科技发展等硬实力领域，还体现在价值观念、国家凝聚力、文化感召力等软实力方面，这两者缺一不可。因此，我们可以说，一个国家的文化传统、文化凝聚力和文化影响力，是该国综合国力的一个重要体现。今天中华民族要实现真正的崛起，不但需要经济的崛起，更需要文化的崛起。

在硬实力方面，根据世界银行的统计，中国自 2008 年以来，国内生产总值一直居于世界第二位，仅次于美国；中国的综合军事实力一直稳居世界前列，近年来，中国国产航母的设计、建造和下水，先进导弹、核潜艇和战斗机等现代化军事武器的研制，标志着中国的军事实力建设向着现代化、高科技和高素质的方向稳步发展；随着“一带一路”倡议的提出和国际合作的深入发展，中国的国际影响力与日俱增，已经成为世界经济发展的风向标。在实现经济崛起的背景下，加强文化建设、提高国民的文化素质已经迫在眉睫。

文化建设可以强化一国人民的文化认同感，加强民族凝聚力。继承、弘扬中华民族的优秀传统文化，对创建具有中国特色的发展道路、增强中国人民的文化自信心、实现国民的文化自觉，具有关键性的作用。习近平总书记指出：“要讲清楚每个国家和民族的历史传统、文化积淀、基本国情不同，其发展道路必然有着自己的特色……讲清楚中国特色社会主义植根于中华文化沃土……独特的文化传统，独特的历史命运，独特的基本国情，注定了我们必然要走适合自己特点的发展道路。”“要讲清楚中华优秀传统文化的历史渊源、发展脉络、基本走向，讲清楚中华文化的独特创造、价值理念、鲜明特色，增强文化自信和价值观自信。”

一、大学英语教学中双向文化导入对于中国文化传播的重要意义

大学教育作为国民教育中的最高一级，对实现我国的教育目标和教育发展具有义不容辞的责任。高校是知识传授、人才培养、文化传播、文化创新的主战场，对优秀传统文化的继承与发扬、外国先进文化的学习与传播、时代新文化的培养与培育等方面，均发挥着无可替代的关键性作用。

然而，从我国目前大学英语教学的实际情况来看，中国文化的介绍与研究严重缺乏。首先，很大一部分高等院校的英语课程教学仍然在沿用以语言训练为主的传统模式，对文化推介的关注不多。其次，在教改的探索实践中，虽然一些重点院校增加了文化类的教育课程，但大部分本科院校的中国本土文化教学是缺失的或者是不足的。大学英语的教和学仍然在以英美文化输入为中心，忽视了中国本土优秀文化的输入，作为交际主体的中国人很难用英语表达中国文化思想，讲述中国故事。从丛将这一现象定义为“中国文化失语症”

（Chinese Culture Aphasia）。

因此，笔者认为，在大学英语教学中，必须注重中西方文化的双向导入，强化对学生文化能力的培养；文化教学不应该局限在西方文化的导入上，还应该包括中国优秀文化的输出；加大对中国文化的研究和学习，让学生具备用英语表达中国文化思想的能力，从而实现中西文化的兼容并举、交融互补。这样，学生在今后面对东西方文明的冲突时，就可以做出理性的思考与判断，不至迷失方向。这是中国文化走向世界的必要条件，也是中国真正实现文化崛起的前提和基础。

二、大学英语教学中双向文化导入应遵循的原则

在英语教学实践中，进行有效的双向文化导入，必须首先明确双向文化导入的实施原则。对于这一问题，不同的学者提出了不同的看法。例如，束定芳、庄智象将文化导入的原则归纳为实用性、阶段性和适合性三点原则。赵厚宪提出，外语课堂的文化教学应遵循认知原则、同化原则、比较原则及宽容原则。在前人研究的基础之上，笔者将英语教学中的双向导入原则归纳为以下三点。

（一）平等原则

平等原则并不是要求中西文化课程和课时数量上的完全对等，而是强调两者地位上的平等关系。Franz Boaz 指出，不同文化下的语言特征不应该被当作划分文化优劣的尺度；文化偏见将导致观察者误解或无法完整感知另一文化中有意义的成分。因此，英语教学中的双向文化导入，必须首先肯定本土文化和外来文化的平等性，强调以平等的文化意识来看待外国文化与本土文化，进行文化交流。以客观、平和的心态来看待本土文化与外来文化的差别，妄自菲薄或者妄自尊大都是不可取的。这是成功实施双向文化导入的前提和基础。

（二）双向原则

文化导入的双向原则包括两层含义：首先，教学内容的双向性。即改变目前还比较普遍的对学生进行英美文化知识的单向介绍和单向输入情况；在介绍西方文明的同时，要求学生对本国文化能够有比较完整、准确的掌握。其次，能力培养的双向性。教师在大学英语教学中，不但要向学生提供语言、文化知识的输入，还要培养学生语言文化信息的输出能力。既使学生了解适应不同的文化环境和文化内容，还要培养学生的交际能力，要求他们能够比较准确、自如地运用英语介绍和表达本民族文化信息。

（三）渐进原则

在文化教学中还应该注意循序渐进的原则。任何国家、民族的文化，都是经过漫长的历史积淀逐步形成的，都有着丰富的内涵和精深的人文特征，不是在短时间内能够深入了解和全面获得的。因此，在文化导入的过程中，需要系统地设置文化课程，在每门文化课

程的讲授过程中要精心设计教学内容，逐步培养学生的学习兴趣与学习能力，从而有步骤、有层次地提高学生对文化内容的理解水平与表达能力，达到英语语言学习与文化知识学习由浅入深、由简入繁的有机结合。

三、大学英语教学中双向文化导入的具体建议

在确定了双向文化导入原则的基础之上，大学英语教学的课程设置以及课程教学环节还应该在如下一些方面进行改革和改进。

（一）课程设置的系统化

目前，很多学校的英语类文化课程大多采用选修课的形式，课程的设置往往依据任课教师的研究兴趣和教学能力分散设置，这些课程通常是分散的，不能形成一套明确、完整的体系。例如，根据笔者的调查，某大学英语学院为全校本科学生开设的英美文化类选修课程包括“西方文明史”“英语国家社会与文化”“欧洲文化”“英美文学”“圣经名典”“欧美文学作品名篇选读”“希腊罗马神话选读”“英文演讲名篇”“英美短篇小说”“荷马史诗”“莎士比亚作品选读”“英美诗歌选读”等，而相对应的介绍中国文化的英文选修课程仅包括“中西文化比较”一门课程。课程设置和课时安排上如此明显的倾向性必然导致学生在英语学习中，以了解和掌握英美文化为首要目的，轻视对本土文化的学习、怠慢对文化输出能力的培养。因此，大学英语教学的双向性必须以课程设置的平衡性、合理性为基础，合理增加介绍本国历史文化和文学作品的课程。例如，可以增开“中国历史与文化”“中国文化通览”“儒家文化介绍”“中国文明史”等课程，培养学生对中国文化的自豪感，提高中国文化的影响力。

（二）教师教学能力的培养

教师是教学的主体，是双向文化导入得以开展的必要前提。因此，要实现英语教学中的双向文化导入，必然对教师的能力提出更高的要求，要求教师不但要做英语语言方面的权威，还要做文化方面的专家，这样才能培养出合格的英语全面人才。为了实现这一目的，教师自身需要加强学习，对传统的教学方法与教学习惯进行革新，认真研究本土文化，广泛收集和整理教学资源，归纳总结传统文化精髓，能够用英文准确地介绍中国历史与文化，例如，中国文明在衣食住行、琴棋书画、风土人情和艺术作品等方面所具有的特色。教师不但要熟悉中国传统文化，同时也需要了解中国的近现代发展和当代的经济文化成就，争取做到学贯中西、博古通今。另外，采取丰富多彩的教学手段，提高学生的学习兴趣，增强中国文化的吸引力。只有这样，教师才能够在教学过程中正确地引导学生树立公正客观的文化观，吸收不同文化的营养，并且在对外文化交往中弘扬中国文化，提升我国文化的竞争力。

（三）文化教材的编写

目前的教材市场上，介绍中国文化的英文教材虽然增长明显，但跟介绍欧美文化和文学的教材相比仍然是九牛一毛；同时这些教材的质量参差不齐，对于相同地点、相同人物、相同事件、相同作品的英文翻译，也往往不尽相同，给学生的自主学习造成了很大的困扰，也在很大程度上阻碍了中国文化的传播与发扬。以中国最优秀的古典名著《红楼梦》为例，虽然在东亚具有很大的影响力，但至今的英文译名仍然没有统一，有多种译法，如 *A Dream in Red Mansions*，*Dream of the Red Chamber*，*The Story of the Stone* 等，给中国文化的推广造成很大的困难。因此，高校作为中国英语教育的最高学府，应该在强化和完善文化教学的同时，组织英语语言和文化方面的专家，积极与国内重量级的出版机构合作，开展交流与讨论，确定或者编写比较权威的中国文化类的教材，使跨文化双向交际得以顺利开展，为中国优秀文化的对外传播创造条件。

（四）考试形式的沿革

从英语学习开始，中国学生的学习重点通常集中在听、说、读、写、译五种能力的培养方面，而英文考试也主要采用书面考察的形式。长期对于英语语言能力的强调，往往会造成学生的误区，将上述五种英语能力的培养作为英语教育的目的和终点，片面强调英语字词的积累和语法的学习，忽视英语作为载体的作用，对英语表述的内容或视而不见或重视不够。在这种背景下，英语文化课程的教学必须突出内容的重要性，强调英语文化类课程不是以提高英语的语言能力为单一目的，而是对学生提出了更高的要求，培养他们用英语工具表达文化内核的能力。在考试过程中，强调对学生的综合英语能力的检验，既要考察学生的英语语言能力，更要考查学生对文化内容的了解；既要强调学生对文化输入内容的掌握，同时也要考察学生的语言文化输出能力。因此，在文化类课程中，传统的填空、选择等客观试题的比例应该缩小，适度增加学生的主观类试题，如文化类的书评、论文或者杂记等，还可以尝试加入一些演讲、口头介绍之类的试题，从多角度、多方面考查学生能力，强调实用性。

在新的社会历史形势下，大学英语教学既承担着传承文化的任务，也承担着传播文化的重责；英语教学既要重视欧美文化的输入，也要强调中国文化的输出，这对在新一代知识人群中树立统一的核心价值观、提升中国的文化软实力具有重要的作用。为了实现双向的文化导入，大学英语的传统课程设置、传统教学方法、传统教学媒介、传统考核方式等方面都面临着改革，期待教育工作者以全新的智慧和更宽的视野，迎接这一挑战。

第四节　大学英语教学中的中国文化教学

随着中国在国际上的影响力不断攀升，对外传播中国文化刻不容缓。但是部分学习者不能很好地用英语表达中国文化。本节分析造成这种现象的原因，并从教材、课堂教学与教师素质三方面提出改进意见，旨在提高学生的跨文化交际能力。

语言与文化密不可分，但是在实际英语教学中，教师往往片面强调目的语文化的教学，对中国文化的输入不足。正确的英语教学应该将中国的优秀文化与英语教学相结合，在提高学生语言知识与应用能力的同时，培养学生跨文化交际能力和中国优秀文化的传播能力，使中国的优秀文化能在世界范围内得到广泛的传播与发展。

一、大学英语文化教学的主要问题

2017 年教育部发布的《大学英语教学指南》中明确指出大学英语课程作为高等学校人文教育的一部分应该兼有工具性和人文性的双重属性。但是在实际教学中，学生往往只注重目的语文化的学习，忽视中国文化的输入，出现语言学习的文化失衡，导致学生在跨文化交流时，很难使用英语表达中国文化。比如，汉字、《红楼梦》、战国、孔子、灯笼、《西游记》、印章、针灸被学生直译和误译为 Chinese words，*Red Building Dream*，War Country，Confuzi，light，*the monkey king*，stamp，needle，造成这一现象的原因主要在于以下几个方面：

缺乏跨文化交际的平等意识。费孝通先生指出：“在和西方世界保持接触，积极交流的过程中，把我们的好东西变成世界性的好东西。首先是本土化，然后是全球化。”但在实际的教学当中，我们忽视了本土化的过程，造成学生不能客观地看待目的语文化，盲从于外来文化，对中国文化认知水平较低。跨文化交流的双向性和平等性决定了交流沟通的过程应该包括文化输入与文化输出，“一边倒”式的单边交流强调对目的语文化的输入，忽视母语文化的学习，使学生无法正确地树立民族文化自信心与自豪感，最终造成文化失衡与文化逆差。

忽视母语的正迁移作用。刘润清先生说过：“学习外语时，完全脱离母语是不可能的。语言之间有些普遍现象，不参考母语，不与母语对比，会造成莫大损失。”当目标语与母语在语音、词汇、句法、语篇上有很多相同之处，母语对目的语的习得有促进作用时，将产生正迁移；反之，将产生负迁移。实际教学中，教师往往过于强调英汉两种语言的差异，忽视汉语正迁移的作用。虽然这种教学方式能凸显两种语言的不同，加深学生的记忆，但是脱离了特定的语境，人为地割裂两种语言的联系，将难以使学生产生理解与共鸣。

教材中中英文化内容比重失衡。目前广泛使用的大学英语教材，如《新视野英语》《新世纪大学英语综合教程》在内容设计、编排和呈现上都以介绍西方文化为主。部分教材内容完全节选自西方报纸、杂志或英美原版书籍，一些学校甚至引进英美原版教材。不可否认，这一做法将使学生品味原汁原味的语言文化，加深对英美国家宗教信仰、风俗习惯、文化礼仪的理解。但是，外语教学理论中的克拉申的输入假说告诉我们，没有输入就没有输出。传统文化英语输入的欠缺就制约了学生对传统文化的英语表达。

教师自身素质需要提升。大学英语课程应该体现工具性和人文性。首先，一部分教师没有充分理解大学英语课程的性质，只注重英语的工具性而忽视人文性。其次，一些英语教师在进入教师岗位后，很少有机会再接受系统全面的语言与文化学习，自身中国文化积累较少，导致中国文化水平不高。最后，目前，国家对于英语教师的汉语文化没有任何系统的培养方案，英语教师对于如何用英语表达中国传统文化中一些文化要素也存在一知半解甚至误解的现象。

二、将中国文化融入大学英语教学的途径

优化教材内容。教材是课堂学习的基础，当前的教材内容多以关注西方文化为主，涉及中国文化的内容不多，必须对教材做以下方面的调整。首先，在教材中选编反映中国优秀文化的译本，如理雅格翻译的《论语》；或在教材中编入来华作家和华裔作家的作品，如 Amy Tan 的《喜福会》《灶王爷的女儿》、赛珍珠的《大地》以及 Maxine Hong Kingston 的 *Woman Warrior* 等优秀作品。其次，在每一单元的课后练习中，可以加入一些与主题相关的反映中国文化的练习题，例如，在学习 American Symbols 的单元，可以在课后练习中加入 Chinese Symbols 的内容；在学习 American Tourist Sites 的单元时，可以将中国的风景名胜融入单元练习。最后，充分利用现代科技，通过多媒体设备、电子读物、各类 APP 软件，对教材内容进行动态呈现，保证教材的趣味性和现实性。

改善课堂教学。学生在大学英语课堂中的参与度、积极性直接影响语言知识的掌握程度和跨文化交际能力的高低。在课堂教学中加入中国文化知识可以丰富课堂教学内容，使学生形成正确的文化价值观。首先，教师可以借助现代信息技术和移动互联网设备，录制与单元主题相关的中国文化专题微课，采用翻转课堂的形式，引导学生对中西文化差异开展独立探究和自主学习。在课堂中，教师可在讲解西方文化某一现象时，以类比或对比方式向学生介绍相应的中国文化英语表达方式。其次，教师可以在课堂讨论中引入社会热点话题，鼓励学生开展中西文化差异的讨论，提升学生的文化敏感度，培养学生的文化自信与认同感。

提升英语教师的母语文化素质。英语教师作为英语学习的引导者、设计者，其自身的母语文化素质、文化价值观以及教学理念直接影响学生在跨文化交际中的表现。首先，教师要授之以渔，必须提高自身的母语文化素质和中国文化的英语表达能力。教师可以广泛阅读中国古典书籍、名著，涉猎各类英文版的中国文化读本，提高自身的中国文化底蕴和素养。其次，教师应深入探究语言与文化的关系和英汉两种语言的本质，提高自身对跨文化交际的理解，从而引导学生形成平等的跨文化交际观，使学生能客观地对待目的语文化与中国文化，不盲从于外来文化。最后，教师可以定期参加有关语言与文化的学术研讨会，提高自身跨文化交际能力。

作为语言学习者肩负着向世界传播中国文化的历史使命。在大学英语课堂中，应该从

教材、课堂教学、教师素质三方面入手，将中国文化融入课堂教学，提高学生的中国文化英语表达能力与跨文化交际能力，使学生树立文化自信心和自豪感，成为传播中国文化的主力军。

第五节　英语教学与中国传统文化的连接点

当今高中英语教学中，教师往往注重对英语语言知识、语言技能和西方文化的传授，忽视对中华优秀传统文化的输入，导致学生在跨文化交际时出现“中国文化失语”现象。本节将从实践的角度，探讨中华优秀传统文化融入高中英语教学的策略。

“中国文化失语”是目前英语教学中普遍存在的一个问题。长期以来，英语教材和英语教学普遍忽视对学生进行中国本土文化的灌输，教师在英语教学过程中常常对英语语言知识和语言技能的传授很重视，而对中华优秀传统文化融入教学的意识比较淡薄，导致学生在跨文化交流中不能很好地用英文去表达本土文化而屡屡出现母语文化失语现象，更别说形成自己独到的观点进行表达了。因此，加强对高中生的中华优秀传统文化教育，树立弘扬中华文化的思想和意识，在当今中西文化交流日趋频繁的时代语境中，具有特殊而重要的时代意义，它是时代赋予我国广大英语教师的使命。

在具体教学实践中，要把中华优秀传统文化有效地融入高中英语教学，最关键的是教师应坚持正确的价值取向，选取中华优秀传统文化内容，为学生提供分析和鉴赏不同文化、提升跨文化意识的语言情境，努力创设有效的输入途径，不断拓展优秀传统文化渗透的机会，找准英语教学与中国传统文化的最佳连接点。因此，笔者认为在实际教学中可以运用以下教学策略。

一、巧借单元主题，拓展输入机会

《普通高中英语课程标准（2017 年版）》（以下简称《2017 年版课标》）明确指出：“主题”为语言学习提供主题范围或主题语境，对主题意义的探究应是学生学习语言的最重要内容，所有主题语境都应包含中外文化的范畴。因此，教师可以巧借单元主题，选择与之相关的优秀中华文化内容进行渗透。

例如，《牛津高中英语》（译林版，下同）M8U2（模块八第二单元的简称，体例下同）单元主题是关于人类的通用语——音乐，教师可依托教材主题，巧妙引入对中国传统音乐的介绍。教师可把自己收集、整合的有关中国传统音乐（Chinese traditional music）的素材作为教材内容的补充和拓展，让学生不但知道有爵士乐（jazz）、节奏蓝调（R&B）和摇滚（rockand roll），还应了解我国民族音乐（Chinese folk music）；不但知道吉他（guitar）、钢琴（piano）和小提琴（violin），还知道二胡（erhu）等国粹乐器。要让学生通过阅读这些拓展阅读材料，了解中国传统音乐蕴含的传统文化精髓的价值，理解和感知中华民族独特的情感世界和人文精神，提升文化自信，并尝试用英语表达中国民族音乐的魅力。

二、巧设输入途径，搭建输入平台

在高中英语教学中，语言交往能力和表达能力在一定程度上取决于英语素材输入的质与量。因此，教师要创设各种有效途径，为中华优秀传统文化的输入搭建平台。

鼓励文化知识积累。中国有许多谚语、名言，把它们翻译成英语后也朗朗上口，而且与英语的一些谚语有异曲同工之妙。因此，教师可将这些名言收集、整理，并每天利用课前两分钟，将之渗入课堂，如 It is never too old to learn.（活到老，学到老），Well begun, half done.（事半功倍）等，鼓励学生记忆并做好记录，有意识地进行积累。此外，教师还可以向高中生推荐一些富有中华文化元素的英文作品或书籍，如《论语》（英文版）、《中国古典诗词》（中英文对照）、中国四大名著（英文版）等，以及 21st Century，Beijing Review，China Daily 等经常刊载中国传统文化内容的报刊。这不仅能拓宽高中生的视野，激发其学习英语的兴趣，还能唤醒学生对祖国传统文化的热爱。

培养文化节目收视习惯。中央广播电视总台“英语环球”节目，是一档向世界译介真实中国的好节目。其宗旨是在国际视角下生动地讲好中国共产党治国理政的故事、中国人民奋斗圆梦的故事、中国坚持和平发展合作共赢的故事，让世界更好地了解中国、理解中国、认同中国。教师可以向高中学生推荐此类节目，在让学生学到许多与中国传统文化密切相关的英文表达的同时，加深对当前中国形势与政策的理解。此外，教师还可以鼓励学生收看介绍中国传统文化的英语电视节目，如介绍中国饮食文化的英文版的《舌尖上的中国》（A Bite of China）。

三、巧挖课程资源，强化内涵理解

英语课程的育人总目标是“培养具有中国情怀、国际视野和跨文化沟通能力的社会主义建设者和接班人”。而在全球化背景下，教师应帮助学生“理解和认同中华文化的精华，并且在跨文化沟通中传播中国优秀文化，讲好中国故事”。教材虽是英语课程实施的重要部分，是发展学生综合语言运用能力和学科核心素养的重要载体，但目前的教材体系中，中华文化的比例明显不足，因此，教师要善于开发和整合课外的英语课程资源，对教材进行文化补充。

（一）立足教材，增加和补充中国文化内容

由于中国本土文化内容在高中教材中所占比例不足，不利于学生对中国文化形成全面的认知，也不利于全球化背景下学生跨文化沟通能力的提高，因此，教师在文化教学过程中要根据教材内容适时增加和补充中国文化。例如，M9U2 的 Reading The Acropolis Now（今日卫城），文本向我们介绍了希腊卫城的构造、历史、毁坏、历史上的修复情况以及

20 世纪 70 年代以来希腊政府为保护历史文化遗迹所做的努力。教师在讲授此教材内容时可介绍我国的历史文化遗存，如圆明园。一方面可激活学生关于文化遗产的知识储备；另一方面可帮助学生更全面地了解圆明园的历史，增强国家认同感和家国情怀。

（二）立足本土，开发和利用中国文化资源

课程资源的开发和利用是新课程改革的要求，教师在进行英语教学的同时，应积极主动地关注所在地域的乡土文化，甄别、挑选有时代价值的乡土文化资源，并有效地渗透到高中日常英语教学中。

例如，3100 多年前泰伯（又称太伯）来到无锡，他带来的中原文化与无锡土著文化慢慢融合，形成了独特的吴文化，开创了江南文明，成为吴文化的发祥地，也造就了吴地历史上的第一次辉煌。在英语教学中，无锡本地的英语教师可通过指导学生挖掘当地吴文化，并用英语宣讲吴文化，来提高学生探究、学习的兴趣，感受吴文化的魅力，提升文化自信。具体实施中，教师可指导学生通过小组合作，选取小组共同感兴趣的某一历史文化保护旧址或有关吴文化的话题，如对“三百六十行”中的“一行”，收集资料，整理翻译，最后以小组汇报的形式在全班展示。这一过程不仅能为学生创设英语语言输出机会，促进学生熟练地运用英语知识，还可极大地激发学生探究家乡文化的热情，增进热爱家乡的情感，增强对中华优秀传统文化传承和发扬的自觉性。

四、巧推社团活动，助力内化与传播

将中国传统文化融入高中英语教学不能局限于课堂上，更要延伸到高中生的日常学习和生活中。强化课外教学活动中的文化意识渗透，开展英语与传统文化相结合的有关活动，能调动高中生传播传统文化的积极性，从而使高中生在实践中将英语语言运用能力和中华优秀传统文化的传承得到完美结合。

2017 年版课标明确指出：教师应积极创造条件，发挥学科特点，鼓励和指导学生开展好课外学习活动。巧推社团活动，可以加强学生用英语讲述中国传统文化的能力。例如，举办介绍中国传统文化的英语演讲比赛、辩论赛、英语配音比赛，举办英语学习专栏，成立文化英语角，成立英语学习俱乐部或用英语来表演中国的传统剧目，以及开展文化周、过中国节等等。通过开展这些丰富多彩的、与传统文化相结合的英语社团活动，可让学生摆脱“死学”英语的尴尬状况，激发学生学习英语的兴趣与积极性，帮助学生利用英语去表达中国传统文化。让学生在学习传统文化知识的同时内化英语知识并自觉成为传统文化的传承者和传播者，实现英语与传统文化的融合。

因此，在新课程改革的大背景下，在改革、优化英语课堂教学的同时，举办丰富多彩的社团活动是提高学生综合语言运用能力的重要途径，也是助力中华优秀传统文化传播的重要推手。

第三章　大学英语教学与文化自觉

第一节　大学英语教材中的文化自觉

大学英语教材是学生与目的语文化接触的载体，文化自觉使学生认识母语文化和其他文化之间的异同，并且能从不同的参照系反观母语文化，又不盲目排斥异文化或被其同化。本节基于对大学英语教学中常用的两套主流教材内容的分析，从母语文化和目的语深层文化方面分析大学英语教材中的文化自觉和实现，为未来大学英语教材编写者提出一些在教材中实现文化自觉的建议。

语言是文化的产物，同时又是文化的载体，一个人不可能学习使用一门语言，而不学习该语言的文化。“跨文化交际已经成为现代交际不可避免的现象，具备跨文化交际能力亦成为现代交际能力的必要组成部分。”文化自觉指生活在一定文化中的人对其文化有“自知之明”，明白它的来历、形成过程、特色和发展趋向，不带任何“文化回归”的意思，不是要“复旧”，同时也不主张“全盘西化”或“全盘他化”。自知之明旨在加强对文化转型的自主能力，取得决定适应新环境、新时代文化选择的自主地位。文化自觉使人能够认识母语文化和其他文化之间的异同，能够从另一个不同的参照系反观自己的母语文化，同时又能对异文化采取较为超然的立场，而不是盲目地排斥或被同化。培养这种文化自觉，需要在接触异文化的过程中深入了解异文化的深层内涵，在明晰自我文化身份的基础上理解“他者”，实现文化身份的重构。

教材是实现教学目标的主要手段，大学英语教材促使学生与目的语文化发生接触、交往，也是大学生明晰自我文化身份以及文化身份重构的过程，因此大学英语教材要帮助大学生意识到文化自觉的重要性，更好地理解世界文化，提高学生的跨文化意识和能力。

大学英语教材重在关注不同语言负载的文化在深层结构即价值观和思维方式上的差异，而不只是介绍交往礼仪、风土人情和时政要闻等，要让学生能从不同的文化中吸收养分，发展对语言和文化的认知和元认知，明白母语文化和目的语文化不是分隔和对立的，从而获得世界的整体性知识。因而在大学英语教材中应凸显文化自觉的重要性。目前，学界缺乏对大学英语教材中文化自觉的研究，本节基于对大学英语教学中使用的两套主流教材内容的数据分析，从母语文化和目的语深层文化方面分析大学英语教材中的文化自觉和实现。

一、现行教材中母语文化的缺失

文化自觉首先要认识自己的文化，充分认识自己的历史和传统，理解接触到的多种文化，才能在这个已经在形成中的多元文化的世界里确立自己的位置。

大学英语教材只有科学合理地配置英语国家文化、中国文化和国际文化的知识才能适应全球多元文化发展的需要。母语文化在大学英语教材中至少有两方面的重要作用：①对比母语文化与目的语文化，能更加深刻地揭示目的语文化的特征，从而加深对母语文化和目的语文化本质特征的理解；②调整学生的民族中心主义观念，培养学生对目的语文化的积极态度，提升学生英语学习的积极性。

我国的大学英语教学一直以来以语法翻译法为主，学生和教师在应试的压力下往往忽略文化学习和传授，而且汉语和英语在时间取向上、思维上和篇章结构上差异大，学好英语存在难度，因此国内的大学英语界避免教学中以"己文化"度"他文化"，导致文化"负迁移"的现象，强调尽量给学生营造英语环境，课堂上要求全英文授课，有意识地回避母语和母语文化，只关注目的语和目的语文化。

目前大学英语使用的两套主流教材:《新视野大学英语读写教程》(郑树棠 2011)的第一册 9 单元 B 中提到学习汉语；第二册 3 单元 B 写的是华裔美国人生活中外籍女婿见华人丈母娘的故事，9 单元 B 写的是华裔在美国艰苦磨炼而成功；第三册 6 单元 A 中有一句话提到中国古代就积累一些地震预测经验，第四册 3 单元 B 中提到中国人，4 单元 A 中有一句话提到中国的电信发展。在 80 篇文章中，只有 6 篇文章提到中国，其中 4 篇文章仅有一句话涉及中国，另两篇文章是华裔美国人的生活经历，与中国人生活相关的、与中华文化相关的文章几乎没有。《全新版大学英语综合教程》的第二册单元 A 是一个美国教授所写的对比中美教育方式的文章；第四册 3 单元 B 是英籍华裔知名女作家韩素英的自传，回忆她 15 岁在中国求职的经历。在 64 篇文章中，共有两篇文章涉及中国，其中一篇出自美国人之手，另一篇也不完全是中国人的生活写照，教材中也几乎没有涉及中华文化的文章。

大学英语教材中母语文化的缺失造成中华文化失语现象，如在口语强化培训课上，有学生谈到孔子时直接说 Kongzi 不知道用 Confucius，外教不知所云，当外教探询中国 Confucianism / Taoism(儒 / 道)传统时，学生却不知如何作答，更无法向外籍教师介绍中国的文学、朝代、建筑、艺术和伦理等，从中亦可以看出大学英语教材忽略对母语文化的传授，造成大学生对母语文化的表述不理解、不重视，使学生很难在跨文化交际中向外传输母语文化，使学生学习的过程中容易盲从地接受目的语文化的规范，反而疏远自己的文化传统。实际上学生在开始接受正规教育时就已经内化母语文化的价值观，外语教学不需要切断学生与母语文化所有联系。在大学英语教材中我们应该重视母语文化并能将其英译，让学生熟悉其目的语表述，学会用目的语介绍中华文化。

成功的外语学习者，对目的语和母语的掌握是互相促进的，对目的语文化更深层次的理解和欣赏与对母语文化更深层次的理解和欣赏也是相辅相成的。中国的英语学习集大成者，如林语堂等都精通母语文化，不理解母语文化很难真正学好英语语言和文化。霍尔指出“多年的研究已使我坚信，真正的工作不是理解外国文化，而是理解本国文化，我也坚信，人们从研究外国文化能得到的不过是表面的理解，这类研究最终是为了更加了解自己系统的活动状况”。学习目的语文化并不意味着同化，而是用一个新的角度去看待母语文化和目的语文化，学会包容和理解不同文化。只有对母语优秀传统文化有充分的认识和足够的修养，才能理解目的语文化，并逐步拓展自己的跨文化心理空间，对文化的多元性展现出一种恢宏大度和兼容并蓄的跨文化人格。

二、现行教材中目的语深层文化的忽视

文化是知识、信仰、价值观、宗教、时间概念、空间关系、宇宙观累积的沉淀物，以及一群人通过数代人的个体和群体的努力获取的物质对象和财富。文化可以分为表层文化和深层文化，表层文化包括服装、建筑物、交通工具和通信手段等。深层文化是软文化，即精神文化，其核心是观念（包括传统观念与当今观念），而观念的核心是价值观念。深层文化范围远远超过表层文化，包括法制观、道德观、人权观、婚姻观、发展观、宗教观、个体与群体观等，它是文化的内核，是民族文化的精神实质，决定着文化的特征和风范（顾嘉祖 2002：8）。对于理解目的语文化，重要的是理解深层文化，因为文化隐藏之物大大甚于其揭示之物，它隐藏的东西最难为其自身的参与者所识破。而文化的深层结构是一个文化不易变动的层面，它是相对于“表层结构”而言的。在一个文化的表面层次上，自然是有变动的，而且变动往往是常态。

国内教材的编写者和研究者尽管很重视目的语文化的输入，但是在教材编著中强调目的语的表层文化，忽略目的语深层文化的内容。由于大学生触摸到的基本上是目的语文化的外壳，缺失对目的语深层文化的了解。例如，在表层文化的输入中，学生很容易知道《圣经》及其中的创世纪等，但在深层次的交往中，就表现出目的语文化的欠缺，对外教在交流时信手拈来的有关圣经典故等完全不了解。在介绍“鱼米之乡”时，学生使用 land of fish and rice，可外教并不理解，因为英文使用源自《旧约·出埃及记》的 flowing with milk and honey，摩西对受苦难的犹太人说，“我下来是要救你们脱离埃及人之手，领你们出了那地，到那牛奶和蜂蜜遍地流淌的地方”。学生不了解这个典故，使用英语表述时就不准确，这样的用法也反映出中国传统农耕文化和西方游牧民族文化的差异。因此学生的英语交际障碍不能简单地认为中国学生羞涩、词汇不够或者语法不清，还应该考虑到在大学英语教材中缺失对目的语深层文化的理解。

《新视野大学英语读写教程》中的 80 篇课文绝大部分选自 20 世纪八九十年代出版的英美报刊和书籍，也有 21 世纪刚刚问世的作品。为配合教学需要，对选材的部分内容进

行过删改，但没有一篇出自著名的作者或者经典的作品；《全新版大学英语综合教程》64篇课文绝大部分摘录自报纸和杂志，作者绝大部分是报纸或杂志的记者、专栏作家、编辑。经典作家或者作品几乎没有涉及，甚至节选也没有，经典阅读的缺失对教学产生很大的影响。

苏霍姆林斯基曾试过用很多方法促进学生的思维，得出的最有效的手段就是扩大他们的阅读范围。因此在大学英语教材中应该重视学生的阅读广度和深度，要让学生对目的语文化有整体性的认识和了解，注意克服因自身文化定式可能导致的对异文化过于简单化的概括乃至偏见，认真汲取目的语文化中的人类文化宝贵遗产。时至今日，全球化已经成为社会的发展趋势，在回应这一现实的过程中，文化自觉不仅是理解与把握自己文化的根和种子，更要深刻、完整的认识西方文化，以找到一个真正能够相互对应的发展坐标。

三、大学英语教材中的文化自觉实现

在当今西方文化为“强势文化”的世界格局下，文化价值的渗透更为隐蔽，这更需要建立本民族的“文化自觉”，拥有文化自觉的人能更清楚地认识到各种文化相遇时的彼此关系以及判断如何确定自己的文化认同。也许我们不能改变现状，但我们可以让它向更理想的方向转化。

通过与其他文化的交流，人们感到自己同属于一种文化。任何文化都在与其他文化的联系中，或是在其他文化的对立面来定义自己，通过揭示与其他文化的差异，才使我们感到我们属于哪一种文化。文化身份的建构离不开“他者”，这里的“他者”是相对于“自我”的一个参照物，我们通过与他人的联系认识自我、定义自己。因为必须有“他者”，人们才能给自己定身份。身份的“主体”（自我）的独立离不开“他者”，“主体”（自我）既要得到“他者”的承认，又要在与“他者”的对抗中，满足被“他者”承认的愿望。

实际上，文化之所以要进行认同，是因为有“他者”存在，担心被“他者”同化而失去自我，如果没有“他者”，也就没有自我确认的意义和必要性。一个人或民族通过与“他者”的区分来确定自己的身份认同，每一种文化的发展和维持都需要一种与其相异质并且与其相竞争的另一个自我的存在。理解他者，建构自己的文化身份，一定要深入目的语文化的核心，要在大学英语教材中体现出目的语深层文化的经典哲学、经典文学和古典文化，强调对目的语深层文化的真正理解。

（一）大学英语教材须加强目的语经典历史文献阅读

解决现代社会面临的理性危机就要重视大学教育，完善学生的天性，使学生懂得关于人、人类的永恒问题，这就需要在大学里开展通识教育，回归传统，阅读经典。让学生接触名著，以净化他们的灵魂，懂得追求卓越与德行的完美，西方教育家赫钦斯出对“共同人性”以及“本族群的属性”这种永恒性研究，其精华首先体现在西方文明的历代经典著作中，大学生在进入专业研究之前，不分系科专业全部应首先学习“西方经典”。这些学习会发掘出我们共同的人性要素，因为它们将人与人联系起来，因为它们将我们与人类以往的最佳思维联系起来，因为它是进一步学习和理解世界的基础，一本经典名著在任何时期都具有现实意义，这就是其经典之所在。如果一个人从来没有读过西方世界的任何名著，我们如何能称他是一个受过教育的人？

学生要阅读原著，经典教育的最好途径是将注意力放在经典作家的著作本身，而不是放在论述他们著作的书籍上，必须使读者与天才面对面的接触。经典著作揭示人类普遍关心的基本问题，教师在教学中要引导学生在学习过程中不断思考它们如何影响我们的生活，它们能医治我们的哪些疾病，它们如何改善并弥补我们的缺陷，何处是我们的榜样，何处是我们的警告。大学不是青年人来寻找其职业的地方，而是来找到自己的地方。

大学英语教材应有哲学的内容。哲学一词是古希腊人所创，意为“热爱智慧”。古希腊人把热爱智慧，追求智慧作为人的始终如一的精神状态。从古希腊的毕达哥拉斯、苏格拉底、柏拉图、亚里士多德以及古罗马的西塞罗，到后来的卢梭、孟德斯鸠和康德等，西方哲学大师对西方的思维方式、民族性格、公民文化及崇尚民主、自由、科学和理性的传统都有深刻的影响。林语堂所说“少时读《亚里士多德》，使我不胜惊异的，就是读来不像古代人的文章，其思想、用字、造句，完全与现代西洋文相同，使人疑心所读的不是两千多年前古代希腊哲学家所写的，而是19世纪或20世纪的西洋论著，最重要的是他的《逻辑学》（Organon）定逻辑的形式系统，后来这逻辑系统统制西欧两千年的学术”。中国与西方哲学的差异，体现在思维方式、人文精神、伦理观念、逻辑、人生观和世界观等各个方面。中国人讲“天人合一”，而西方哲学则持“天人相分”的观点；中国人遵从集体取向，而西方人崇尚个人奋斗；在时间取向上中国人常感怀过去，而西方人则着眼于未来；在思维方面，中国人重整体、重主体，而西方民族重逻辑、重理性、重分析，反映在篇章组织结构上，汉语是螺旋形，而英语呈直线形。

哲学的使命在于把个别、具体的东西与更一般的东西联系起来，最终深入人与自然融为一体的境地；同时，哲学也是一切精神活动的中心，每一科学活动，甚至每一针对内在目标的人类努力，都根据哲学确定方向，并从哲学中获得精神的生命力，就语言来看，哲学的有益影响几乎遍及所有方面，在一个民族中间，科学教育的性质越偏于哲学，就越有助于语言的发展。因此，加深学生对最根本的哲学层面上的文化认识，不仅有利于学生提高跨文化交际意识，而且有助于提高阅读、写作和听力等各方面的语言技能。

大学英语教材应包含经典文学的内容。文化能够通过文学的媒介表述自己，文学是第二语言教学中的组成部分，文学的主要功能之一是作为媒介传播。没有文学，就不能发现他国文学的独特之处和对多样的叙事文体难以有深层次理解，从而也无法理解其他国家人民的相似性和不同性；无论是全球经济发展，还是多民族的社会都需要公民能够理解自己和他国的语言、传统和文化历史。文学文本是学习者能利用的语言资源，阅读文学作品能帮助他们发展语言能力。利用文学作品去阐释渗透其中的目的语文化的价值观有助于学习者重新定义在母语文化中获得的价值观，文学作品相当于提供一个新的视角帮助学习者了解文化之间的共同点和差异。大学英语教学中的阅读材料可以用于教授文化。目前，大学英语教材的阅读材料只是我们自己根据不同难度水平架构的语言体系，这就变成没有文学成分的读本。

希腊文化是欧洲文明的发源、人文主义的摇篮，也是西方全部人文研究的根底。两千年来，古典文化不仅是西方学人从未间断的研究对象，更是他们永远眷念的精神家园。古典文化产品因代代相传而得以延续久存，其作用和影响惠及当代。“这些产品播种着生命，因为它们本身即生成自完备的生命。”但在大学英语教材中没有这方面的内容，外籍教师在课堂上提到美国著名诗人爱德华·罗宾逊（Robinson）的诗，结果同学不知道；外教提到波塞冬（Poseidon）时，有同学记忆起观看过的日本动画片，指出波塞冬是希腊神话中的海神。实际上，古典文化和希腊罗马神话对英语文学（如诗歌）具有深刻长远的影响，莎士比亚（Shakespeare）、弥尔顿（Milton）、雪莱（Shelley）、济慈（Keats）和勃朗宁（Browning）等都用神话故事丰富他们的题材。意大利的但丁（Dante）、德国的歌德（Goethe）和席勒（Schiller）等都从神话中汲取素材和典故。不了解希腊罗马神话故事，就在相当程度上失去欣赏和了解目的语国家文学和艺术的机缘，对于一名学习英语的大学生来说，了解一点神话故事知识非常必要。

大学英语教材应该涉猎西方经典原著，这些是学生在繁忙的日常生活中可能不会有时间和机会去探求的领域。有些知识是人类智力成就的共同基础，学习这些语言的句法所形成的坚韧性及自我克制精神足以增强个性，提高个人的道德发展水平，实现外语教材的人文价值和工具价值的融合。

（二）大学英语教材须加强母语文化的目的语表述

语言是国家的灵魂，我们可以通过语言分析发现国民性。因为语言学习本身应该是一种双向交流，文化输出和文化输入具有同等地位，没有文化输出就变成单方面的文化引进，跨文化交际表达的是双向的交际行为，绝不仅局限于对目的语文化的理解，还包括与对方的文化共享和对对方的文化影响。

大学英语学习并不是抛弃母语的过程，实际上正是与异文化的接触，才更能让学生意识到自己的文化，才更能让人意识到自己的文化身份，如果没有文化他者的存在，母语文化传统就只是一种未经比较和反思的智慧。他者提供一个参照系，在与参照系的比照中可以重新认识自我以及文化传统。

大学英语教材中的文化内容只有通过文化对比，才能促使学生对文化进行国际性的思考，继而提高学生的全面综合文化素质。作为大学英语教材应该包括：①目的语文化材料，以英语为母语的地方的文化；②源文化材料，学习者自己的文化。教授文化时，教师应该记住的是需要提升学生对母语文化的意识，母语文化是与目的语文化进行比较的基础，这样方能显现目的语文化的主要特色，同时提升学生对母语文化和目的语文化中精华部分的深层理解，只有这样学生才能获得跨文化交际所必需的必要的容忍和敏感度。

大学英语教材应加强对母语文化的哲学、文学和古典文化的目的语表述。首先，是帮助学生意识到自己的中华文化传统，意识到自己的文化身份，帮助学生认识自我、理解主体，在学习目的语文化时加深和强化自己的文化，使他们学会表达自我，让学生树立民族自信心，提升民族自豪感，树立平等的交际意识。其次，是要深化对目的语文化的“非西方视角”探索，推进中西方文化的平等对话，要在中外师生的交流中，培养学生输出母语文化的意识，保证文化的双向传输，用目的语介绍、传播中华文化，增进外国人对中华文化的了解；维护中华文化的话语权，从而在交际中处于较为有利的地位。最后，是在和西方世界保持接触、进行交流的过程中，把中华文化中的精华传播出去，使其变成世界性的，获得中华文化的话语权，不是让中华文化与西方文化对立起来，或者简单地以民族自豪感取代文化交流中实事求是的态度，使学生意识到中国的历史和文化是世界的一部分，自己不仅是中国文化的传承者，也是世界的一分子，是世界文明的延续者，这正是外语教材的桥梁作用。

本书通过对常用的两套主流大学英语教材内容的分析发现，现行的大学英语教材中缺失用“地道”英语表述的母语文化内容，中国学生在中外师生交往中很难用英语准确地表述自己的母语文化。同时，现行的大学英语教材忽视目的语文化的深层文化内核，如价值观、与语言文字有关的思维方式和信仰等，中国学生面对所学的目的语文化，因为未能触摸到文化的内核，徘徊在他者文化的边缘，导致理解的障碍。

本书希望能引起大学英语教材的编写者对文化自觉的重视。文化自觉是一个艰巨的过程，首先要认识自己的文化，理解接触到的多种文化。一种文化只有努力保持自身的凝聚力，同时吸收异文化的精华，才能使自身得以提升。一个文化如果缺乏凝聚力，在世界多元文化中处于一种消极保守的状态，不及时吸取异文化的优点，最终将失去发展的机会，很可能会被同化。母语文化和目的语文化之间既不是简单的认同，也不是彻底的疏离，而是辩证的统一关系。

在未来的教材编写中将母语文化和目的语文化内容分层次、系统地纳入大学英语教材，让学生接触到中外经典作品，帮助学生意识到文化自觉的重要性，确立自己的文化身份，使学生能客观地评价中西方文化的异同，帮助学生从不同的视角去认识、观察世界，从而更深刻地理解自我，学会融合母语文化和目的语文化的不同思维方式和价值观念，调整学生的民族中心主义观念，培养学生的批判性思维和解决问题的能力，继承人类的共有传统和普世价值。

第二节 大学英语教学与文化帝国

在大学英语教学中存在诸多语言崇拜现象，如英语被过分美化，英语的地位被过分拔高以及英语大众传媒、音像制品和书籍倍受追捧等“虚热”现象。英语崇拜现象既是英、美等国长期推行语言帝国主义的结果，也根源于以应试为特征、具有强大社会分层功能的英语考试制度。英语语言崇拜现象已经对我国高校教学和人才培养带来了诸多负面影响，一些学生把大部分的时间和精力投入到英语学习中去，以至于专业课成了辅助学科；一些教师和学生轻视母语和优秀传统文化，他们的思想和行为在一定程度上被资产阶级文化和价值观念所控制。大学英语教学中，应该适当降低大学英语课程的学分；改革英语考试制度，变封闭性的应试考试为开放式的语言能力测试；自觉抵制语言帝国主义的侵略，热爱母语，坚定汉语语言自信和民族文化自信。

大学英语课程是非英语专业大学生的一门必修的基础课程，兼有工具性和人文性双重性质，它在提高学生的语言交际能力、拓宽国际文化知识视野和培养文化素质等方面，发挥了重要作用，适应了改革开放以来我国经济社会迅速发展和国际交流的需要。然而，在大学英语教学过程中也不同程度地存在着语言崇拜现象。语言崇拜是指因为盲目地推崇某种语言，致使人们的思想和行为受这种语言控制的状态。英语崇拜现象主要表现为英语被过分美化，英语的地位被过分拔高以及英语大众传媒、音像制品和书籍倍受追捧等“虚热”现象。众所周知，英语与其他语言一样，从来都不是单纯的符号，它蕴含着一定的文化和价值观念，包含着温和的符号权力，规训着学习者的思想。大学英语教学中的语言崇拜现象，已经对高校教学和人才培养带来了一些负面影响，我们必须采取积极、有效的措施加以应对。

一、大学英语教学中的语言崇拜现象

当前，由于多数发达国家以英语作为母语或者官方语言，英语似乎成了现代文明和科技发达的象征。伯奇菲尔德（Burchfield）说：“如果任何一个有文化教养的人不懂英语，他就在真正意义上被剥削了，就会立刻认识到贫穷、饥饿和疾病是最悲惨的和最不能解除的剥削形式。”长期以来，尤其是改革开放以来，我们常常以落后者和学习者的心态引进和学习发达国家的先进技术和管理经验，特别重视英语的教学，以至于在大学英语教学中出现了一些英语崇拜现象。

（一）教学过程中过分美化英语

在大学英语教学中，有些教师或者是出于对自己专业的偏爱，或者是受外国传媒的影响，在课堂上总是有意或者无意地美化英语语言。他们认为，英语是现代科学技术的载体，是信息社会的主导语言，意味着文明、开放；懂英语是一个人有学问的标志，能说一口纯正、流利的英语是身份的象征，在外文期刊上发表文章，更能彰显学术能力。在这种错误语言观的误导下，英语成了一些大学生心目中最为完美和最敬畏的东西，致使他们的思想和行为处于受控制的状态。比如，“疯狂英语”曾经风靡大学校园，一些大学生聚集在一起，不顾英语的发音规律，与台上的指挥者一起做出举手、摇头、喊叫等疯狂动作，为英语而痴狂；一些学生刻意模仿外国人的形体语言、生活方式，醉心于资产阶级文化；一些大学生爱屋及乌，羡慕以英语为母语的人，将其视为英语发音的标准和偶像，因为心存畏惧和崇拜，他们与外国人交流时难以做到不卑不亢，往往有失身份和尊严。

由于英语语言被过分美化，一些学生崇拜英语，把大部分的时间、精力和金钱投入英语学习。他们轻视母语和传统文化，甚至错误地认为：汉语最难学，是一种晦涩难懂的语言；汉语是以自然经济为基础的农业社会语言；汉语与现代信息社会脱节，不利于科学技术发展以及国家交往等等。这些错误思想误导了学习行为，在某种程度上取消了母语的生存权，产生出诸多不良后果。例如，一些学生汉语语言功底极差，以至于写毕业论文时不会遣词造句，不会用标点符号；不少毕业文论逻辑混乱，错白字连篇。海德格尔说："语言是存在的家。"意思是说，母语是人们赖以栖息的精神家园。从这个意义上说，那些因崇拜英语语言，而轻视母语学习、丢失了自我的人，是没有精神家园的流浪者。

（二）大学英语课程在高校课程体系中居于核心地位

2007 年 7 月，教育部公布《大学英语课程教学要求》，建议"大学英语课程要融入学校的学分制体系，尽量保证在本科总学分中占 10%（16 学分左右）"。乍看上去，16 学分并不算多。如果把 16 学分置于某一个专业的学分体系中加以审视，它所占的比例就非常高。大学课程体系包括通识教育课程、专业教育课程和实践课程三大板块，大学英语课程属于通识必修课。一般来说，大学课程体系的总学分为 160 学分左右。大学英语课程是 16 学分，占总学分的 9.3%，远高于通识选修课程（7.0%）、专业方向课程（3.5%）和专业选修课程（4.1%）。作为高校意识形态建设主阵地的思想政治理论课，包括马克思主义哲学基本原理概论（3 学分）、毛泽东思想与中国特色社会主义理论体系概论（5 学分）、中国近现代史纲要（2 学分）和思想道德修养与法律基础（3 学分）等四门课程，共 13 学分，占总学分的 7.6%，竟然少于大学英语课程。大学生课上学习，课下作业、练习，忙于准备各种英语过级考试，将英语学习贯穿于大学生活的始终。人们对英语的盲目崇拜，产生了令人困惑的教育异化现象：一些大学好像变成了外国语学校，每个学生似乎学的都是英语专业。

（三）在大学英语教学中，英语大众传媒、音像制品和书籍等倍受推崇

在大学英语教学中，教师普遍采用基于计算机和课堂的英语教学模式，利用当代信息技术，在计算机网络上创造出一个由英语大众传媒、音像制品、电子书籍等构成的网络语言环境，让学生接触和学习"纯正的"英语，以消除在学生中普遍存在的"哑巴英语"和"聋子英语"现象。在这个网络语言环境中，教师不再是课堂的教学中心，学生也从被动的知识接受者变为能动的知识建构者，极大地拓展了学生的知识来源范围。

基于计算机和课堂的英语教学模式将知识性、趣味性和实用性等教学原则有机地整合在一起，符合"教师为主导、学生为主体"的教学规律，创设了一个学生置身其中，并能自主学习和个性化学习的网络语言环境，极大地提高了教学效果。但是我们也应该清醒地看到，这种推崇英语大众传媒、音像制品和书籍的教学模式，使得学生在利用这些知识资源学习的时候，易受这些资源中知识权力的控制。深受大学生欢迎的《朗文当代英语大辞

典》对中国台湾的解释是："Taiwan：an island off the the SE coast of China"，字面的意思是"中国东南海岸外的一个岛屿"，隐含的意思是"台湾可能不是中国领土不可分割的一部分"，这不仅伤害了我们的民族感情，而且有可能产生不良后果。

不少大学生练习听力，喜欢欣赏英语广播、电视节目。"美国之音"（VOA）广播、BBC 和 CNN 等电视节目，打着新闻"中立""客观公正"的旗号，标榜"新闻自由"，实际上经常歪曲事实、颠倒是非，到处煽风点火，唯恐天下不乱。一些大学生练习阅读时，喜欢阅读《时代》《新闻周刊》等英文杂志，但是在这些刊物的字里行间，常常渗透着浓厚的殖民主义思想。《时代》杂志在报道香港回归时，把香港歪曲成"英国的殖民地"，并且普遍使用了"revert"而不是"return"表述"回归"。根据《牛津英语大辞典》，"return"的意思是归还，即归还被他人非法占有，或者被强盗掠走的财物。"revert"的意思是"返还捐赠品"，指捐赠者捐献的财产在到了捐赠者与接受者商定的期限后，接受者把赠品返还给捐赠人的法律行为。香港回归中国只能是"return to China"，如果用"revert to China"，就掩盖了西方帝国主义列强对中华民族一个多世纪的侵略和掠夺的历史。当大学生"沉浸"于各种英语知识资源中学习时，他们的思想和价值观因受到知识资源中所蕴含的知识权力的控制，而潜移默化地发生了嬗变，这种嬗变往往是不自觉的，甚至是在他们积极主动地配合下完成的。

二、英语崇拜现象的原因分析

大学英语崇拜现象的成因是复杂的和多因素的，既有体制和心理学的因素，也有英语语言帝国主义潜移默化的影响，是内因与外因交互作用的结果。

（一）从体制上看，具有强大社会分层功能、以应试为特征的英语考试制度是英语崇拜现象的总根源

在大学生面前，有形形色色的英语考试，如英语四、六级考试，硕士研究生招生考试中的英语统考，学位英语考试，雅思考试，托福考试等等。在这些英语考试中，试题偏僻而古怪，即使人们耗尽了大部分的时间和精力，也难以过关。在硕士研究生招生考试中，英语的筛选功能被发挥到极致，不管考生报考的专业研究方向是否与英语有关，也不管他专业能力、科研能力多么强，唯有通过了英语统考，才能被录取。可见，英语考试已经成了一种设立围墙的社会行为，它在最后一名被录取者和最后一名被淘汰者之间，设立了一道无形的隔离围墙和社会边界，这边是拥有知识、财富、社会地位的成功者，那边是一无所有的失败者。因此，知道一个人通过了多少次英语考试，也就知道了他的社会地位。由于英语考试的强大社会分层功能，使得英语在一些大学生的心中成了支配他们命运的神秘力量和无形的手，英语变体为神圣知识。英语成了一些学生心中的救世主，一些大学生将英语神圣化加以崇拜，出现了英语崇拜现象，也可称之为英语拜物教。

当前，各种英语考试普遍采用闭卷考试形式，题目涵盖听力理解、选择题、完形填空、

阅读理解、英汉互译、作文等题型，偏题、怪题多，生僻字词多，题量大，试卷多达十几页，即使一些大学生几乎把所有的时间和精力用在英语学习上，也难以考到60分。最令人奇怪的现象，莫过于研究生录取中的公共英语考试了，很多人拼命地学了十几年的英语，竟然只能考三四十分，并且四十多分还能过关！英语真的有这么难吗？显然，不是人们的学习能力有问题，而是以应试为特征的考试制度存在着缺陷，它是英语语言崇拜现象产生的总根源。

（二）从心理学上看，英语崇拜现象源自一种弱者对强者的仰慕心态

在鸦片战争以后的很长一段时期内，中国积贫积弱，一些人持有弱者心态，缺乏民族语言和文化自信。甚至一些革命者也误将汉字作为国家落后的一个重要原因，因此在“新文化运动”中，一些学者提出了“汉字不灭，国家必亡”的错误主张。1918年，著名文学家钱玄同发表了题为《中国今后之文字问题》的文章，主张“废孔学”“废汉字”。瞿秋白也力主废除汉字，他提出：“现代普通话的新中国文化必须罗马化。罗马化或者拉丁化，就是改用罗马字母的意思，这是要根本废除汉字。”新中国成立后，国家进行了汉字改革，在简化汉字、推广普通话、推行拼音方案等方面，成效显著。在当时，汉字走拉丁化、拼音化道路成为一种主流声音。20世纪80年代初期，汉字再次面临挑战，一些人认为汉字不能在电脑上输入，甚至断言：“电子计算机是方块汉字的掘墓人，也是汉语拼音文字的助产士。”改革开放以后，面对西方发达国家的科技成就，一些人将自己定位为学习者和落后者的角色，盲目崇拜西方的语言、文化、科技成就等。

（三）英语崇拜现象是英美等国长期推行语言帝国主义的结果

英语从1600年的一个小语言，发展成为当今用于国际交流的领导语言，经历了至少4个世纪。英语的显著发展是在17—19世纪期间，是英国成功地征服、殖民化和贸易的最终结果。随着美国在“二战”后崛起为世界军事强国和科技领导者之后，英语实现了加速发展。在此过程中，一些帝国主义“御用”语言学家编造了诸多虚假谎言，积极鼓吹英语的所谓“强大功能”：一个人学会了英语，就等于走上了一条通向现代化、民主、自由和科学技术的康庄大道；一个国家若使用英语，就能实现民族团结、增强国家之间的相互了解；英语是世界性的语言、广泛的交际语言、通向世界的窗口、连接性语言等等。一些发展中国家在取得民族独立以后，希望通过重视英语语言教学，引进和学习西方现代科学技术，建设一个独立、富强、现代化的国家。由于过分地崇拜英语的功能和作用，他们常常在赶跑了带枪的帝国主义者之后，又被语言帝国主义所侵略、控制。费舍曼（Fishman）说：“今天在第三世界国家中，英语与意识形态相对无关的问题，需要进一步讨论；西方化、现代化、国际青年文化的传播、流行的技术和消费主义都有意识形态的危害性，它们都产生了意识形态的、行为的和经济、技术的后果。”大学英语教学中的一些英语崇拜现象，表明语言帝国主义已经将触角伸展到我国的高校，对一些师生的思想和行为产生了负面影响。

三、消除英语崇拜现象的对策和建议

高校中英语语言崇拜现象存在着进一步泛滥的趋势，已经对专业课教学、大学生思想政治教育产生了诸多负面影响，必须采取一些积极有效的措施消除这种教学异化现象。

（一）适当降低大学英语课程在总学分中的比例

在高校课程体系的学分构成中，大学英语课程已经喧宾夺主，干扰了专业教学，影响了思想政治教育工作。为此，部分研究型大学已经大幅缩减了大学英语课程的学分，一些地方本科院校也陆续跟进，掀起了一股缩减英语学分的热潮。

根据《大学英语课程教学要求》提出的培养目标，笔者建议将大学英语课程从 16 学分降至 3 学分，占总学分的 1.7%；总学时为 48 学时，理论学时是 32 学时，占 2 学分；实践学时是 16 学时，占 1 学分。在大学英语教学中，通过理论与实践相结合的教学模式，着重培养学生的听说能力、综合应用能力和自主学习能力等“潜能”。这种潜能只有被实践需要所激发，才能转化为现实。恩格斯说：“社会一旦有技术上的需要，这种需要就会比十所大学更能把科学推向前进。”一旦学生踏上社会，如果从事的工作迫切需要英语作为工具，他的英语潜能就会转化为极高的语言应用能力。反之，如果一个人的工作性质与英语无关，即使大学英语考试成绩优异，也会随着时间的流逝，逐渐生疏，乃至忘光。

（二）改革英语考试制度，变封闭性的应试考试为开放式的语言能力测试

随着英语逐渐淡出高考的舞台，各种应试性的英语考试也将退出大学校园，开放性的英语语言能力测试，必将成为占主导性的学业评价方式。语言的生成规律是先会说话，然后才是认读和作文。英语语言能力测试应该主要测试大学生的语言交际能力、认读能力和写作能力。教师对语言交际能力的测试应该是过程性的和形成性的，要融汇在大学英语教学过程的始终，不能单凭期末试卷中的几道听力试题，就做出终结性评价。

在教学中，尤其是在实践课程中，教师要鼓励学生开口说话，分组交流，也可以采取唱英语歌曲、表演小话剧和演微电影等丰富多彩的形式。开始时，一些学生可能会因害羞、心理紧张，而出现词不达意、语法错误、逻辑混乱等现象，教师要及时地纠正并加以鼓励。熟能生巧，人的语言交际能力都有一个从生到熟的过程，一句话、一个习惯用语，反复说过几次，就熟练了。教师在课堂上，语言要幽默生动，态度要和蔼可亲，课后要详细记录每个学生的表现、参与程度、存在的问题以及取得的进步等，学期结束时给出平时成绩，占总成绩的 40%。笔者建议：大学英语课程期末考试采取开卷的方式，考试时间为 120 分钟，占总成绩的 60%；题型为主观题，包括英译汉、汉译英和作文等，题目要难易适度，拒绝偏题和怪题，旨在考查学生的认读能力和写作能力；考试期间允许学生查阅字典、辞典，也可以参考相关资料，但是不准交头接耳说话、相互抄袭。

（三）热爱母语，坚定汉语语言自信和民族文化自信

改革开放以来，随着中国迅速发展成为一个强大的社会主义国家，全国各族人民增强了民族自豪感，也坚定了对民族语言和文化的自信心。客观地说，汉语语言相对于拼音文字有其独特的魅力，它讲究对称与节奏，语言舒缓徐疾、收放自如，如同音乐节奏，富有诗意，蕴含着摄人心魄的韵律美；它是一种视觉语言，将音、形、义融为一体，将使用功能和审美功能完美地结合起来，如同图画一样，能激发人的想象力，给人以美的享受。法国哲学家亨利·列斐伏尔非常喜爱汉语语言，对它赞不绝口，他说："当我观察'田'这个汉字的时候，如果我尝试解译我所看到的，我就会说它是一块稻田的鸟瞰图。稻田之间的边界线不是石墙或者带刺的铁丝篱笆，而是与稻田连为一体的沟渠。当我思考这个字符、这块稻田的时候，我似乎变成了一只翱翔在稻田的正上空、在最佳位置俯视稻田的鸟儿。"

语言是文化的载体，汉语语言相对于拼音文字的独特魅力，还在于它承载着中华民族五千年的灿烂文化。党的十八大报告指出："文化是民族的血脉，是人民的精神家园。"如果说我们的物质家园坐落在故乡，那么精神家园就存在于汉语语言中。我们只有热爱母语，坚定民族语言和文化自信心，才能正确地对待包括英语在内的各种外国语言，才能从中华优秀传统文化中汲取智慧和力量，给心灵一个栖息之所，即"充满劳绩，但人诗意地，栖居在这片大地上"。

第三节 英语学科建设与文化自觉

文化自觉与自决是英语学科建设的敏感点，把握好文化自觉与自决永远是英语学科建设的责任和要务。在全球化背景下，我国英语学科建设必须抛弃文化上的学徒心态，在借鉴域外文化的进程中捍卫自身的文化版图，以此构建学科的立足之所，并在文化交流与转换的"二度符号化"过程中创新文化观念，同时注重学科目标的终极关怀，让英语学科脱离唯工具论的窠臼，重新回到其基本任务和使命上来：在语言习得的基础上对域外域内文化进行编码解码，最终实现跨文化交流。这也是英语人必须秉持的文化意识和文化立场。

这几年，有两件事于笔者看来折射了国人在文化上的学徒心态。一是达芬奇家具事件；二是在某个电视音乐节目中，有人把西方的美声与歌剧归为高雅音乐，但居然把有着辉煌历史的中国传统与民间音乐排除在外。这不禁让我们意识到，中国目前的综合国力虽然已经达到了刘康先生所说"如今风水轮转，东土朝圣取代西天取经，看来已成定局"的地步，但是国人的学徒心态似乎没有改变，崇洋媚外之风依然盛行。

美国的例子可以让我们感叹！1776 年独立后，经过几十年的建设，美国经济高速发展，世界地位迅速提高，美国人在欧洲大量留学并向欧洲学习，发展景象颇似如今的中国。但那时美国的文化最好的时候也不过是欧洲文化的亚文化，根本就没有自己的文化。无论是

文学还是思想还是其他，美国都无法称自己是一个有自己文化的国家。19 世纪中叶，情况发生了变化。爱默生发表了那篇著名演说《美国学者》，吹响了文化独立的号角，堪称美国文化独立与自觉的宣言。实际上，在美国成立以后不长的时间里，就有一批学者意识到文化独立的重要性，文化独立的愿望空前强烈。结果在美国人民的努力下，大约从 19 世纪起美国逐渐出现了文化繁荣的景象。文学上有梅尔维尔、库珀、惠特曼、马克·吐温等影响世界文坛的巨匠；哲学上有爱默生、杜威、梭罗等享誉世界的哲学大师；语言学上韦伯斯特大词典令美国英语耳目一新；历史学上则尤以特纳及其边疆理论而著称于世……这些学者不仅在自己的领域成就非凡，更重要的是他们为美国的文化独立做出了卓越的贡献。美国的文化经验告诉我们：一个国家若要成为真正的强国，不仅政治、军事和经济要强大，文化更要独立自觉；真正的国家强大与文化的独立和自觉有着密不可分的联系。反观当今的中国，坐拥几千年的文化资源，却还要亦步亦趋地在思想理论上跟随西方，不禁让人掩卷长叹。如今，我国英语学科面临着前所未有的危机，笔者认为，这在较大程度上是由文化不能自觉和学徒心态导致的。这里，不妨提出来讨论，以做抛砖引玉之用。

一、英语学科：危机与文化自觉

（一）论文中的写作立场

纵观这几年我国英语学科研究生毕业论文（遑论本科生了）的写作立场，感觉到这些论文在文化方面存在一些问题：①丧失了自身的文化立场；②没有文化上的自我身份识别；③缺乏文化上的自我意识；④学习外国文化的目的不甚明确，缺少终极关怀。诚如恩格斯所说，一个民族如果要站在科学的巅峰，就必须有理论思考。作为研究国外文化学科的研究生，当然需要较高的理论素养，并且应该了解异族的思想，汲取其文化的精华。这一点毋庸置疑。但现在很多研究生在写作时，几乎没有自己母国的文化立场，完全把自己的意识思维纳入了西方的话语体系，从而消解了自己文化的话语体系，即便是在遇到自身的问题时，如研究国内英语教学问题，也往往倾向于在西方理论的话语体系中思考或寻求解决的办法。殊不知，中国是学习英语的人口最多的国家，在英语教学上有自己的特殊性，并有很多的数据和语料。对这些，反而应该是西方学者针对我们的情况进行研究，向我们学习。但遗憾的是，我们并没有把自己的语料和数据当作产生和发展理论的养料，而更多的只是在西方理论中寻求解释和办法。同样在研究西方的文学文化理论方面，论文的讨论也缺乏与自己的文化经验相比较，缺少可以从别人理论中得到有益于自己的文化建设的启示。很多论文只是用西方的理论解释了西方的作品而不知道这样的写作对自己文化的意义，从而丧失了母国的文化立场和自身的文化身份，最终麻痹了自己的文化意识。

（二）文化教学与研究的单向度

自 20 世纪 80 年代以来，在我国的英语学科中，目标国家文化的课程设置似乎并没有正式地列为一个必修的模块，其中跨文化交际或者跨文化交流的教学和研究始终处于可有可无的状态。一方面这可能是因为对文化的定义莫衷一是，过于宽泛；另一方面也可能是中国的综合国力尚未达到一定的程度，国人针对西方文化的学习与交流尚未走出学徒心态。当然不可否认的是，英语学界在跨文化交际的引入和研究方面做了大量的工作。也正因为如此，才使跨文化交际在英语教学过程中一直存在，只不过这种存在作为理念还处于忽明忽暗的境地。换句话说，文化交流还没有得到应有的重视。由于受学科特点抑或是学科特点所形成的心态所限，文化交际教学的定义、概念和范围在很大程度上都比较单一，文化交际的理解和教学内容都局限在语言这个向度上，从而形成了单向度的教学模式。虽然文化交际大都强调语言和非语言这两个层面，但是在非语言这个层面上的文化交际依然强调的是非语言的符号功能和信息传递功能，而从符号学的角度和功能语言学的角度来说，非语言层面的跨文化交际仍然属于语言的向度。因此，在英语教学中模式单一性便成为文化交际这门课程的最大特点之一。

文化交际的语言单向度问题，究其根源，主要是对文化的知识创造即对文化的研究过分单一和狭窄，从而导致了文化交际只注重语言符号的向度研究，而不甚强调内涵思想的抽象转移。在文化交际的研究中，研究的范围和视野针对的重点是文化背景下语言和符号所产生的信息交流和人与人之间的交流技巧和交际技术。前者重在研究语义所产生的信息交换，后者重在研究符号所产生的信息交换。在文化交际的实践中，教学突出了语言和非语言交际的内容，人际交往也重在应用这些语言和非语言的技巧。这种单向度的研究、教学以及实践应用导致了研究范围过于狭窄、教学内容过于单调的局面。虽然在这二三十年的历程里，对文化交际的研究取得了长足的进展。但是，在文化交际和交流的实践中，文化交际和交流并不仅仅局限于语言学这个向度上，也广泛应用于外贸、对外交流，甚至是跨国企业等行业。例如，外贸活动中的谈判、对外交流中的礼仪、跨国企业中不同文化背景和民族身份之间的人际交往都或多或少地应用了跨文化交际的知识。同时文化交际与交流的内容也不仅仅局限于语言与非语言的交换维度，而是包含政治、经济、哲学等领域。足见跨文化交际不仅是一门由语言文化产生的课程，也是一门应用广泛的实用学科。但我们从英语教学的课程设置和科学研究很少看见上述领域的元素，这导致我们视野越来越封闭，研究的范围越来越狭窄，教学目标越来越缺乏思想与灵魂。

（三）英语学科的工具性

目前在中国，英语学科已经被普遍认为不是一个思想学科甚至不是一门学科，其作为一个学科的名头已经被很多人遗忘，更多的人则把英语看作是一门工具。这其中的原因有很多，但主要原因有两个，即社会的外在因素和英语学科自身的内在因素。

就外在因素而言，在我国现实社会，英语被看作是获取毕业证书、职称证书、出国留学资格、就业资质等的一种工具，于是考试、应试就成了教学中的一个较为突出的主题，而在这个国家的英语市场中则形成了一个培训、出版和考试的巨大产业链，刺激着英语学科不断地凸显其工具性。在英语学科内部，也有很大一部分人不自觉地强调了英语学科的工具性，“把语言技能的培养作为公共外语教育的目的”，因此，在英语市场的喧嚣中不少英语教师逐渐脱离了英语学科的思想本位、哲学本位和文化本位，形成了英语教师针对这些本位的集体失语，导致英语学科本身也迷失了自我，沦为工具性学科。设置英语学科是国家语言政策的重要组成部分，其目的很明显，就是要针对世界上最先进的英语国家文化进行研究、了解和学习，以便能够适时借鉴、为我所用。而英语学科没有承担思想传递的功能，背离了思想文化内涵的本位，不能不说是英语学科的一种悲哀。不仅如此，英语学科这种重工具性、轻人文性，重外在、轻内涵，重物性、轻人性，重理性、轻知性的现象，还会导致思想价值和理想目标的缺失，导致创新精神的不足。所以，在我国大陆，“思想的产生往往在中文、历史、哲学等学科，而不是最早和最接近外部世界的外语学科，这与台湾地区形成了鲜明对比，是一个很不正常的现象，对一个国家的思想建设来说是很不利的”。实际上，英语学科兼具工具性和人文性的特征。如果过分强调英语学科的工具性、实用性和功利性，那么其人文性、思想性和文化性就会逐渐被边缘化甚至消亡。如果英语学科丧失了思想文化交流和传播的功能，那么文化的自觉和自决就会成为一种奢谈。

（四）外语院系设置的学徒心态

清末以来，外语学院或者外语系的设置在中国的大部分大学里似乎变成了天经地义的事情。这样设置的一个重要原因是为了方便向西方学习（包括苏联）。实际上，中国的外语学科的设置可以追溯到清华学堂的外语专修科。那时的中国，国门洞开，国人眼中看到的只是西方的坚船利炮、先进的科技、优雅的文明，于是痛恨自己国力的柔弱、文化的落后，认为“有西方的根本节化，才产生西洋火炮、铁甲、声、光、化、电这些东西……”于是，国家的教育政策就把外语作为提高国民素质的重要学科而加以设立。自此，西学东渐，国人的学徒心态陡然产生。

一百多年来，中国产生了两次大规模的对外开放，一次是在清末，另一次是在20世纪的80年代。比较这两次的对外开放，虽然动机不同，历史条件也不一样，但至少有一点是相同的，即对本土文化的失落感造成了对西方文明的羡慕。第一次开放似乎还不是那么臣服西方的文化，因此中国文化的传统也部分地得以保留。但第二次开放则随着西方思潮的大量涌入，我国许多人逐渐放弃了对中国传统文化的理解和尊重，甚至导致了对域外文化的盲目崇拜。不可否认的是，在学习外来文化和寻求救国之路的过程中，我们往往不自觉地把自己投入别人的话语环境，慢慢地忘却了自己的文化根底，最终过分地依附于人而失去了文化的自觉。这是我们在文化上的最大的损失，而这种损失无不与我们的教育，尤其是外国文化专业的教育与培养有着密切的关联。

放眼全世界的大学，尤其是西方的大学，其很少有“外语学院”的名头，也没有类似的教学机构设置，更多的是以语言文化学院或者语言学系为名称。外语学院之所以大量出现在中国的大学里，主要还是因为我们存在学徒心态，总想通过大规模的外语学习来迅速帮助我们掌握西方发达国家的先进科技和文化经验。也正是出于这样的心态，我国不少高校外语院系在本科层面就基本忽视了汉语课程或者中国文化类课程的建设，只有为数极少的还在本科一、二年级开设现代汉语课，在三、四年级开设古代汉语课，而到了研究生这个层次，这类课程就几乎绝迹了。英语学科设置上文化身份的缺失，英语教学中自身文化的淡忘以及心理惯性中学徒心态的存在，很难让英语学科具备文化的自觉，也更谈不上文化的自决了。

二、英语学科：建设与文化自觉

（一）走出学徒心态

纵观目前的国际形势，我国的综合国力已有了很大提升，汉语逐步走向世界，西方发达国家也开始学习我国的语言文化和经济。我国外交学院张唯如教授在其著作《中国震撼》中认为："中国今天的崛起不是一个普通国家的崛起，而是一个五千年连绵不断的伟大文明的复兴，是一个'文明型国家'的崛起。这种'文明型国家'崛起的深度、广度和力度都是人类历史上前所未见的。"张教授还认为，中国这样的文明型国家有"四超"和"四特"：超大型的人口规模、超广阔的疆域国土、超悠久的历史传统、超深厚的文化积淀，以及独特的语言、独特的政治、独特的社会和独特的经济。因此，作为中国人，我们已经有充分的理由和积淀去摆脱文化上的"学徒心态"，如同爱默生在 19 世纪所说的那样（胡适也曾说过类似的话）。如果在这样的背景下，我们还建立不起文化的自我意识，那英语学科的存在最终真的只会是传播他人文化的工具，是拾人牙慧和亦步亦趋的附庸学科。因此，走出学徒心态既是英语学科发展的必然，也是英语学科自我"拯救"的重要前提。而我们自身深厚的文化积淀就是我们英语学科文化自觉与自决的根基，是走出学徒心态的强大基础。

（二）捍卫文化版图

当今世界，全球化的潮流已不可逆转。在这个过程中，文化的交流已经成为一个不可回避的问题。在此背景下，如何借鉴域外文化并同时捍卫自身文化，是英语学科不得不考虑的问题。正如学者们所言，全球化不是简单的"通用"，更不是同化，而是应更有自己的个性、特色（国家、地区）；只有固守住民族的文化版图，才能使自己的民族真正屹立于世界民族之林。因此，英语学科的任务除了引进先进的文化理念，还应该在借鉴的同时捍卫自身的文化版图。

但是在跨文化传播中，现存的国际文化传播秩序是一种不平等秩序。一些国家因为实际支配着更多的资源，处于更有利的位置，传播的不对等是显而易见而又司空见惯的现象。"这种不对等表现在许多方面，如强势文化与弱势文化相比，大多表现为人的'贸易顺差'，即前者流向后者的量远远超过后者流向前的量。而强势文化在流向弱势文化的同时，也把强势文化的价值观带入了弱势文化。如果弱势文化缺乏主体性，缺乏对本族文化的固守意识，长此以往，就只会用别人的眼光去观察物，从而成为新的被殖民国家、被殖民民族。"因此英语学科必须意识到，全球化不等于同一化，虽然整个地球村"都被纳入新的传播系统”，但中国的英语学科必须努力保持或加强自身的文化、种族、国家或政治个性。捍卫文化版图不仅是英语学科的基本责任，也是英语学科的立足之所。

（三）创新于文化的“二度符号化”与阐释学

英语学科的文化创新何以可能？笔者认为机会就在于文化交流和转换过程中的“二度符号化”。所谓的“二度符号化”是指，在同一语言系统下符号传播的过程是一个编码、解码的系统，即从意义到符号再从符号到意义的二次转换。对文化而言，如果甲、乙双方分处不同的语言文化体系，文化转换便站在甲乙之间，扮演着两个不同的身份。文化的转换先和甲在同一语言环境中共同完成一次文化符号化过程，紧接着又和乙在另一个语言环境中合作完成又一次符号化过程，我们把文化转换所进行的两次符号化过程称为文化“二度符号化”。英语学科的基本任务和使命就是在英语语言习得的基础上进行跨文化交流，也就是对域外文化进行文化编码和解码。这个过程自然会产生中国视觉中的文化阐释学。简单地说就是引进域外文化、推介自身文化。在这种引入和推介的过程中使域外和自身文化“二度符号化”，本质上就是文化的翻译或者转换。

在文化转换的“二度符号化”过程中，具有自身特色的文化阐释学必定出现。首先，各个民族的文化经验都是独特的，保持着历史传统的基本“自我”。这里所谓的“自我”，不仅包括生活方式的独特性，更是“属于主体个我的精神世界”。我们可以把这种“自我”看作是一种“先验自我”或者一种独特的民族文化基因。其次，独特文化基因所导致的文化事件必然与另外一个民族文化的事件不同，而后天的社会生活实践的亲身经历形成了“经验自我”。因此，“一方水土养一方人”的社会经历就自然定义了一个民族文化的后天基因。由此基因所导致的社会事件同样具有其独特的气质。对这种各种文化基因构成的先验自我与经验自我进行理解和解释（阐释学），便成为外语学科的任务与使命。而以英语语言为基础的“二度符号化”文化转换和以中华文明为背景的文化阐释学，必将是英语学科赖以生存的学术根基，同时也是其创新的机遇和平台。

（四）重视英语学科的终极关怀

大多数的终极关怀都被认为来自宗教或信仰。比如，张岱年先生认为终极关怀就是返归本原，而托克维尔则认为“人要是没有信仰（终极关怀），就必然受人奴役”。如果纯粹从信仰角度来衡量，我们的英语学科真的缺乏终极关怀。一方面，我们大部分人并不知道英语学科的本原是什么，它为何而来，要去哪里；而另一方面，我们这些人也不去考虑英语学科是否还有信仰，它最终要为国家为民族为社会做些什么。

当今世界，国与国之间的关系依然受利益的制约，但文化关系的紧张与敌对也是导致国与国之间误解或冲突的重大原因之一。“不同的国家间、组织间和人际的‘文化关系’，使得有些国家之间虽然经济利益竞争激烈却毫无军事冲突的可能，也使得一些国家虽然地理上相距甚远，直接利益关系也极为疏离，却彼此地远程导弹日夜相互瞄准。”国家间文化关系的好坏与文化理解、宽容、尊重的质量有着正相关，而此质量的高低无不与各国外语学科的人才培养有着密切的关系。因此，我们的外语教育导向应是从跨文化的角度去理解、尊重域外文化，并使学生具有多元文化的宽容意识。从这个意义上讲，外语教师和外语工作者的身份就有必要加以重新定义，即他们是人类团结与世界和平的促进者，是一支不可或缺的维和力量！但这个的前提就是外语学科一定要具备自身的终极关怀，外语教师一定要具备终极关怀的意识和理念。在此，我们不妨重新来强调一下英语学科的终极关怀：引进和介绍英语国家先进文化，同时发现和理解其文化的不足；以他者的视觉来挖掘和整理自身文化，创造和引领文化新观念；建设、完善并推介自身的文化；发现和探索人类的永恒价值，促进人类的和平与团结。事实上，只有具备这样的意识，只有把学科与人类的命运紧密联系起来，我们的学科才有价值，我们的目标才会变得高尚，我们的身份才会具备高贵的气质，我们的尊严才会得到国际社会的认可。

文化自觉与自决是英语学科建设的敏感点，如何在学科建设中把握文化自觉与自决永远是英语学科的使命、责任和义务。倘若无法把握这个敏感点，英语人就不会有自己的文化立场；倘若没有学科的终极关怀意识和理念，英语学科就难免会沦为工具性的学科；倘若走不出学徒心态，英语学科的教学与科研就只能亦步亦趋，而无法抓住“二度符号化”和阐释学过程中的创新机遇。倘若果真如此，那么英语学科也就毁于一旦，“达·芬奇”式的崇洋剧也将永不停息。

第四节　英语教学中母语文化自觉和自信

语言具有社会文化属性。学生在学习英语语言和西方文化的同时，母语和母语文化认同会受到冲击。国内的语文化教学对中国大学生的文化价值观产生了很大的影响。为了增强大学生对本族文化的自觉和自信，英语教师有义务主动肩负起正确引导学生文化价值观的重任。教师不仅可通过多种途径在课堂教学中渗透优秀本土文化，还可以通过在考试中增补相关内容和第二课堂活动的主题设计等唤起大学生的重视。

语言是思想上层建筑的重要组成部分，它具有社会文化属性，承载着特定的文化内涵，并存在一定程度的阶级属性和意识形态属性。学习某种语言时，学习者不可避免地会接触、了解它所包含的文化意义和价值意义，并在一定程度上受其影响，重塑自身的文化价值观。大学英语作为我国本科教育中学分比重最大、持续周期最长的人文社会科学课程，对大学生文化价值观的影响不可小视。学生在学习英语语言和西方文化的同时，母语和母语文化认同会受到很大冲击，这是一个值得引起重视的问题。

大学生对英语学习的重要性有着广泛认同。因为英语学习成绩影响着学生的毕业、考研、就业和出国深造等未来各方面的生活，很多学生对英语学习投注了大量的精力。同时，英语教师大力鼓励他们全方位接触目的语文化以提升语言水平。他们不仅广泛阅读各种英语学习书籍，而且大量接触英语影、视、歌曲以及各种网络交流形式，因为他们深知，只有更深入地沉浸在英语的文化环境中才能更好地学习这门语言。

同时，回顾 20 多年来我们使用的英语教材，绝大多数教材编写者都倡导“原汁原味”的英语，课文的选材基本来自母语为英语的作者，反映的也大多是西方的文明、生活和价值观，而涉及中国文化内容的课文极少。众多的学者对从中学到大学的英语教材的文化内容构成进行了研究。研究者们认为目前通行的教材普遍缺乏中国文化元素，中西方文化在教材中的体现严重失衡。可是，这就涉及一个很重要的问题：在大学这个人生观、价值观和世界观塑造的关键时期，一方面是西方文化大剂量地输入；另一方面又缺少母语文化营养的系统补充，很可能导致大学生对母语文化认同淡漠，甚至产生怀疑。

一、对中国大学生文化价值观的相关调查

近些年来，国内陆续有学者就大学生的文化认同问题做了调查研究。高一虹、程英、赵媛等对 2278 名本科生所做的调查及李淑静、高一虹和钱岷等对 1017 名研究生的调查结果表明，被调查者的生产和附加型双语变化很明显。而刘璐、高一虹、周燕对中国大学生自我认同的跟踪调查结果表明，英语学习者的自我认同呈现明显的削减型双语变化（母语及母语文化被目的语及目的语文化替代）。任育新的调查显示，中国英语学习者具有双重文化身份，英语水平与对目的语文化身份的认同呈正相关。任小华的调查表明，英语学习年限与学习者对目的语文化的认同呈正相关，即随着学习年限增加，学生对母语的认同降低，却对目标语文化的认同增加。

为了对大学生的文化价值观现状获得一手资料，笔者在 2013 年 3—4 月间对笔者所在学校 316 位二年级大学生做了调查。剔除无效问卷 20 份，有效问卷共 296 份。其中女生 199 位，男生 97 位。因为笔者所在学校为财经院校，被调查学生的专业主要集中财经类各专业。由于学界对文化价值观所包含的内容和维度并没有权威界定和统一认识，本次调查所使用的问卷为自编问卷，分别在节日（Q1）、饮食（Q2—3）、娱乐（Q4—6）、审美（Q7—8）、婚恋（Q9）、家庭（Q10—11）、社交（Q12—14）、生病就医（Q15）、集体主义和个人主义（Q16）等比较维度对学生的文化选择进行了考察。

结果表明，在文化价值观的不同侧面，学生的倾向性错综复杂。在节日的偏好上，“洋节”虽然对大学生有一定的影响，但传统节日在大学生心目中仍然占据着重要而牢固的地位；对于娱乐文化，他们的选择总体倾向于西方（大学生对英美影视剧的总体偏好已经略高于国内同类娱乐节目。在对戏剧、乐器等艺术形式的偏好方面，已然出现西风压倒东风的局面）；饮食和审美方面，学生的偏好依据考察角度的不同各有侧重（相对于中式快餐，大学生对西式快餐更加青睐。但是大多数学生认为传统的中餐更适合宴请朋友和家人团聚。相比中国传统的亭台阁榭的建筑风格，学生更喜欢西式的草坪花园别墅。而在绘画艺术方面，相比西方油画，学生更欣赏中国传统绘画）；家庭价值观方面，大学生一方面有孝顺赡养老人的传统价值观，另一方面对自己老年生活的构想很大程度上受到西方社会

形态的影响（在自己的养老问题上，更多的学生选择独居或住养老院而不是与子女住在一起）；社交行为方面，西方的社交礼仪对大学生已经有相当的影响（在面对赞美和路遇熟人时，学生的中西方社交行为选择几乎平分秋色）；中医虽然博大精深，但大多数学生在心理信赖及行为选择上，还是更倾向于西医（选择西医的占 76.5%）；在集体主义和个人主义这一中西方文化差异的重要指标上，虽然集体主义仍占优势，但个人主义的选择比例绝不可小视（将近 40%）。可见，西方文化确实对大学生生活的各个层面产生了相当程度的影响。

二、英语教师在加强大学生文化自觉和自信方面的责任

胡锦涛同志曾在耶鲁大学演讲中指出："一个民族的文化，往往凝聚着这个民族对世界和生命的历史认知和现实感受，也往往积淀着这个民族最深层的精神追求和行为准则。是民族赖以生存的支柱和灵魂。"很难想象一个缺乏民族精神和自信的国家能够长久地屹立于世界民族之林。培养青年学生对中华优秀传统文化的自觉和自信，让他们在横向的文化开拓与纵向的文明传承中分辨是非，把握方向，明确目标，不仅仅是高校大学生思想政治教育工作者的时代课题，也是全体高校教师的重要责任。正如中共中央、国务院在《关于进一步加强和改进大学生思想政治教育的意见》中所指出的，"高等学校各门课程都具有育人功能，所有教师都负有育人职责"。英语教师作为学生与异域文化之间的桥梁，尤其要认识到并承担起自己肩上的重任。大学英语的教学内容非常丰富，课文涉及文史哲各方面的知识，外语教师完全可以深入发掘其思想政治教育资源，并通过各种渠道积极传播中华优秀传统文化，使学生在学习英语过程中，自觉加强思想道德修养，提高自身的本土文化素质，加强文化自觉和自信，成为未来祖国建设的中坚力量。

正确引导学生的文化价值观，首先要求教师端正自身的价值观，提升母语文化素养。作为教学中坚力量的 30 ~ 50 岁年龄段的英语教师，求学期间正是目的语文化教学在我国大行其道的时期。而这段时期，国内学界对优秀本土文化在英语教学中的渗透呼声甚弱，几乎没有引起任何重视。在他们当年所受的教育中，没有中国文化类的英语选修课，更没有必修课。由于自身多年受到目的语文化教学的影响，很多英语教师本身就具有亲目的语文化价值观的倾向，因此在教学中也可能会有意无意地流露出来。作为中国人，英语教师应该具有母语文化意识，在教授英语的同时主动思考自己在"育人"方面的双重责任。而他们的母语文化素养及认识将直接影响所培养的学生的文化素养结构、质量和内涵。因此，英语教师应该有意识地加强自己的本土文化修养，培养扎实过硬的汉语语言基本功，充实文学、历史、哲学、宗教乃至音乐、绘画等各方面的中外人文知识。

英语教师应该明确，目的语文化在课堂中的导入，是为了让学生更好地了解一门语言以及操这种语言的人们的思想及生活，更顺畅地理解不同文化之间的差异，站在一个新的角度和位置来更深刻地理解本民族文化，从而建构更完善、更全面的价值观和世界观。绝

不能不分良莠一味追求西方文化的价值观，甚至继承别人的行为规范和思维方式，认为西方文化优越于我们本族文化。漠视母语文化对塑造人才、完善人性之不可替代的重要意义，对民族、国家的复兴和发展是非常危险的。因此，英语教师应该时时注意自己的言行态度，明确自己的中国人身份，绝不能成为西方文化的代言人。并提醒学生端正其学习英语的目的和出发点，对学生的思想和言行应该持有警觉的态度，不能放任自流，而应以引导者的身份启发学生做理性的分析和思考，得出客观的结论。

三、在大学英语教学中培养学生文化自觉和自信的途径

要在外语教学中传播中华优秀传统文化，培养学生的文化自觉和自信，首先应该让学生学会一些中国优秀传统及当代文化的表达方法。通用的大学英语教材中很少有这方面的内容，对于中国文化中的精髓，学生不知道如何用英语表达，就谈不上作为文化使者在中外交往中传播中华文化。英语教师应努力让学生在语言中学习文化，在文化中学习语言，使他们能够用所学的英语知识比较地道地表述中外文化思想的相关内容，并做出恰当的评价。让学生在提高思辨能力的同时，体会到中国文化精髓的优秀之处。

那么如何在英语教学和学习中合理地渗透中华优秀传统文化呢？教师在讲解单词时，可以有意识地选择一些能够反映中国文化精髓的句子作为例句，既帮助学生学习了英语单词，又以很自然的方式使学生与中华优秀传统文化近距离接触。例如，在讲解 impose 这个词语的时候，教师不妨利用《论语》中的“己所不欲勿施于人”（Do not impose on others what you do not desire yourself）作为例句。再如，在讲解 tread 一词时，教师可以提及 2010 年 5 月美国国务卿希拉里在第二轮中美战略与经济对话开幕式中，引用中国成语“殊途同归”（treading different paths that lead to the same destination）来形容有着千年古老文明的中国和历史年轻的美国只要共同面对机会和挑战，最终会达到一样的目标。这种引介自然而没有强加性，没有把英语课上成中国文化课或者思想政治教育课的嫌疑，但例句中所蕴含的人文与道德内容却可以自然而然、悄无声息地陶冶学生的人格，唤起学生对传统文化的兴趣和重视，达到“随风潜入夜，润物细无声”的效果。

教师在组织课堂活动如小组讨论、小辩论时，可以在合适的时候引导学生在活动中思考并讨论中国传统文化中的相关元素。在学生能力不足的情况下，教师应指导性地加以补充。例如，《新标准大学英语》第一册第五单元的主题是“Love”，在预习活动中，笔者请学生以小组为单位对不同的爱加以讨论。笔者注意到，学生谈到了父母对子女的爱，恋人之间的爱，师生、同学之间的爱，人和宠物之间的爱等等。在教师总结时，笔者向学生补充了中国古代哲学中的“爱”，如儒家的“仁爱”思想：“仁者爱人”；墨家的“兼爱天下”的思想：“若使天下兼相爱，爱人若爱其身，犹有不孝者乎？……故天下兼相爱则治，交相恶则乱”；还有道家思想中的“慈爱”：“吾有三宝，持而保之，一曰慈，二曰俭，三曰不敢为天下先。”在介绍这些思想的时候，教师同时讲解了对一些经典句子的英文翻译。

当然，在师生双方能力许可的情况下，直接用英语讲述不失为一种好的选择。由于课堂时间有限，这类补充不一定要多么系统或者深刻，但即便是只言片语地提及也能让学生在深化英语学习的同时，体会中华传统文化的博大精深，丰富英语学习的内涵，强化其民族意识，提升学生的文化自觉和文化自信。

在考试中增加中国文化元素不失为一种新的尝试。传统的四、六级考试，研究生英语考试，或者各高校自己命题的期末大学英语考试，很难见到中国文化的踪影。考试既是学习的检验手段，同时也是学习的方向标。如果在考试中能够适当增加对此类内容的涉及，无疑会提高学习者的重视。当然，测试的方式需要慎重考虑，应注意避免将对语言水平的测试变成对文化内容的测试。在阅读理解中增加相关的篇章是比较好的选择，既可以测试学生的阅读理解能力，同时又在客观上使他们接触相关内容，从而在潜移默化中增加对中国传统文化的了解和重视。

由英语教学发展而来的第二课堂活动是对英语课堂的补充、延伸和发展，是拓展学生视野、激发学习兴趣、培养能力、提高其综合素质的有效途径。在第二课堂的内容与主题设计上，如果能适当注入中国文化元素，将有效地提升学生对优秀母语文化的兴趣、关注和重视。例如，在英语知识竞赛的内容设计上，可以给出英文释义，看谁能最快找出对应的汉语成语；或者用英语作为问答媒介，考察参赛者对中国文化的了解。这种内容设计可以很自然地将英语能力和本土文化知识结合起来，并增加此类活动的趣味性和新颖性。英语演讲比赛和英语角作为英语第二课堂活动的重要组成部分，在主题的设计上都可以适当地融入爱国主义和民族精神。

文化认同能够增强一个民族的凝聚力。当代大学生不仅是中国未来经济建设的主力，而且是维护和发扬民族文化的重要主体。增强大学生对优秀传统文化的认同感，是思想政治教育的重要课题。外语教师对此项任务的积极参与，可以使大学外语课堂成为实现全员育人的广阔平台，丰富思想政治教育的实现途径和教育方法，用文化的张力减少思想政治教育的单调与枯燥，使外语教学成为对大学生进行渗透式教育的重要环节和有效途径。

第五节　文化自信与大学英语课程

文化自信是当代中国重大的社会和文化课题，当前文化自信研究需要强化主体研究。文化自信的价值本质和话语中介说明文化自信与外语课程的内在关联与可能性。由此，本节反思当前大学英语课程目标、课程内容及课程主体等方面存在的不足，在此基础上，笔者展开文化自信视域下的大学英语课程实践：即以传播中国文化为课程目标、鼓励中国英语为课程内容、开展中国话语为课程实施，实现认同中国价值的课程目标。相关实践发挥了语言和课程在文化自信培育中的生成力量，促进了大学生的本土文化自觉和文化自信。

“一切问题，由文化问题产生，一切问题，由文化问题解决。”文化全球化语境下，文化渗透引起广泛担忧，文化自信成为当代中国重大的社会和文化课题。学校教育，特别是高等学校教育，更应主动回应时代主题，在学校教育的各个环节，特别是课程与教学环节，开展文化自信培育研究与实践。那么，文化自信究竟是什么？大学英语课程与文化自信有怎样的正向关联，当前大学英语课程在文化教学方面又有哪些不足，该如何改革？带着这些问题，笔者展开相关研究、思考与实践。

一、文化自信及研究概述

任何研究都始于概念，并以概念为中心构建话语谱系。首先，何为文化？文化从根本上映射人类生存认知与其对象性活动。中文“文化”一语出于《易经》贲卦彖辞：“刚柔交错，天文也；文明以止，人文也。观乎天文，以察时变；观乎人文，以化成天下”，意指人类基于自然现象的认识和改造活动，其中不仅强调器用，也彰显意义。英文“Culture”则源于拉丁文“Colere”，原指“人之能力的培养及训练，使之超乎单纯的自然状态之上”，至十七八世纪，扩展至一切经人为力量加诸自然物之上的成果。可见，无论是“文化”，抑或“culture”，表达的是人类活动源于物质，走向精神的过程和结果，是人类对意义和价值的追寻。

这种意义与价值追寻，如能超越特殊，走向普遍，则将在更大的时空获得认同，相应主体即能在相关认知、比较、反思的基础上产生文化自信，并演化为各种物质和非物质载体，其中最重要的便是符号。“全部文化（文明）依赖于符号”。纵观人类全部物质与非物质符号，最具建构性的是话语，它通过“所包含的符号、概念、价值观、意识形态等要素在国际社会产生影响力、吸引力”。作为特定历史、文化语境下的言语交际事件［它可以是单一事件（event），如某次雾霾报道；也可以是系列事件集合，如中日钓鱼岛之争］，话语是反应，而非反映。通过话语，主体描述现实、建构价值，由此“外化和建构隐性的文化”。因此，文化自信离不开话语，是主体对自我精神和社会文化的价值建构。

由此，文化自信是“一个国家、一个民族以及一个政党对自身文化价值的充分肯定和积极践行，并对其文化的生命力持有的坚定信心”，它以价值为核心，话语为中介，两者都离不开主体。然而，国内“长期以来…‘物质在前，精神在后’的客观语境”，使得中国文化研究的主体部分相对薄弱。作为当前重大的文化研究，文化自信同样呼唤主体研究的深化和细化，其中，也包括作为中国文化重要担当之一——大学生主体的文化自信。

那么，当前大学生主体的文化自信研究概况如何呢？截至 2017 年 3 月，笔者在中国知网以文化自信和大学生为关键词，搜索文献，共计 125 篇。综合来看，相关研究宏观阐述多于微观建构，基本原则多于具体策略。在普遍认为文化自信是更基础、更广泛、更深厚的自信的理论基调下，大学生主体的文化自信，很大程度上仍然是思想政治教育课程的显性课题，结合其他课程培育文化自信的跨学科研究寥寥无几，某种程度上是理论和实践真空。教育界值得思考文化自信与非思政课程的内在关联，利用学科特点，凸显隐性资源，并在此基础上展开课程实践，促进文化自信培育的多元发展。

二、文化自信是外语课程题中之意

学校教育的主要载体是课程，且主要借助学科课程，传递教育内容、体现价值取向和影响学生成长。

课程具有政治性，它“不是纯粹客观的，也不是价值无涉的”，语言课程的政治性来自语言的政治性。布尔迪厄说“言说并不仅仅是需要被理解和破译的符号，它们还是财富的符号，意欲被评价和赞美；也是权威的符号，意欲被相信和遵从”。这就是说，语言并不仅仅是一种对社会生活的表现，更涵盖了一种文化对某种社会生活及其价值的表达，换而言之，语言既是工具，也是目的。相应地，语言课程便具有了独特的目的—手段（ends-means）二重性，它不仅体现知性，更具备人性，对学习者世界观、人生观和价值观产生直接而独特的影响。

另外，语言不仅表现对象，更表达价值，并不意味着外语课程必然只能传递目的语语言与文化，或成为目的语语言与文化拥趸。正如语言通过“对话”实现意义，文化也以“他者”为镜像。不同的文化带来的不只有挑战，也有机会。外语课程中，目的语文化和母语文化并举，平等对话，同样有可能促进学习者一方面从不同的视域反思母语文化；另一方面更加全面，客观地认识目的语文化，从而，经“视域融合”，对比、发现不同文化的独特价值，获得文化自觉和文化自信。

事实上，20 世纪以来，越来越多的学者认为：除了语言知识，语言课程应该更加积极地培育语言和文化批判意识和能力，引领学习者学会透视语言表层意义，对语言及其文化予以批判性的分析与体认，从而不但获得语言知识与技能等“语言结果”，还因文化批判触发文化自觉、文化多元主义等“非语言结果”。

作为更高层次的社会化内容，全球化背景下，外语教育应当也可以培育具有国际视野的爱国公民。

三、文化自信视域下当前大学英语课程的不足

令人遗憾的是，截至目前，相关研究仍然表明，大学英语课程并没有促进“生产性双语现象”。作为课程，大学英语整体呈现出课程目标迷失、课程内容遮蔽和课程主体素养不足等问题。

（一）大学英语课程目标迷失

“既没有无教育的教学，也没有无教学的教育。”任何课程集合教学性目标和教育性目标，前者关注学科的特定传递，后者关注人的全面发展，两者是手段—目的关系。当前课程正“越来越成为一种‘符号表征’，越来越成为一种‘文本’，通过这种文本，可以解读和构建出多元的意义：政治意义、种族意义、性别意义、审美意义、神学意义、个性意义

等等”。

然而，“无论是传统语言学关注语法、结构语言学聚焦形式分析还是交际语言教学重视语言技能，大学英语课程目标往往局限在英语词语、句法、表达等语言知识和语言规则等教学性目标上”，缺乏或忽略课程潜在的教育性价值。现实中，提高大学英语学习者人文素养还只是总体要求，并没有具体或分期目标：“（拘泥于语言基本功学习的）外语教育不再是通过语言去认识世界，而是通过语言去制造自己，外语教育的人文精神和东西方沟通能力就此丧失，这就是今天外语学科危机的来源。”

（二）大学英语课程内容遮蔽

全球化语境下，跨文化交往应互为主观、互相参照；促使人类文明走向“各美其美，美人之美，美美与共，天下大同”。

然而，作为课程内容最根本的反映，大学英语教材“中国文化失语”仍然严重，大学英语学习者仍然单向度地沉浸在“英美文化”之中，以至于对英语国家文化的认同超过对本国文化的认同，更无法主动、对等、有效输出本国文化，造成一种新的“哑巴英语”。因此，全国大学英语考试委员会自 2013 年 12 月起，将四、六级考试翻译题型调整为段落汉译英，内容涉及中国的历史、文化、经济、社会发展等，希望借此敲响警钟，促进课程内部不同文化平衡，发挥母语文化正向迁移。但相比目的语文化，母语文化目前在大学英语课程中，从内容到形式，都仍然难顶“半边天”，处境尴尬。

（三）大学英语课程主体素养不足

课程为了人，也依靠人。大学英语要平衡课程目标与内容，课程主体最为关键，尤其是大学英语教师的综合素养非常重要。

然而不容乐观的是，当前大学英语教师的综合素养不足，总体来看，大学英语教师的目的语语言素养，要远高于他们的综合文化素养。这种现象，有改革开放以来外语教育工具取向的历史原因，也与大学英语教师本身的课程认知与职业追求不无关系。教学实践中，大学英语教师往往能对目的语历史与文化侃侃而谈，却对自身所在的中国历史与文化“陌生感”严重，以至跨文化交流彼岸风光独好。学习者也往往在新鲜劲过去之后，陷于审美疲乏，或无法勾连课程内容与自身现实生活，发出课程无用论。要改变这种情况，大学英语教师需要站在时代潮头，建立超语言意识，关注本土社会与文化发展，具备更为宏观的价值追求和跨学科视野，坚持历史思维，学会辩证方法，才能真正在大学英语课堂上促进语言、社会与文化的多方互动。

四、文化自信视域下大学英语课程实践

课程论之父 Tyler 提出了课程框架四要素：课程目标、课程内容、课程呈现方式和课程评价。笔者依据 Tyler 课程四要素，尝试开展了文化自信视域下的大学英语课程改革与实践。总体来说，文化自信视域下，大学英语课程需要全面转向，促使语言微课程与社会

大课程互动，才有可能真正开展跨文化交流，促进文明互鉴。

（一）课程目标——传播中国文化

培育文化自信；大学英语课程首先要完善教学目标。

回顾历史，大学英语课程目标并非一成不变，而是密切联系国家发展战略。改革开放前30年，中国走向世界，以外语为工具具备充分的“合法性”。改革开放后30年，特别是进入21世纪以来，随着中国由“本土型国家”转变为“国际型国家”，“文化强国”和“中国文化走出去”成为重大的国家战略。面对新的国家和社会需求，《2015大学英语教学指南》提出“增强国家语言实力，传播中华文化，促进与各国人民的广泛交往，提升国家软实力”。这并非剥夺或弱化目的语文化与文明出场，而是补充与强化缺席的母语文化与文明，是从克服“中国化”到弘扬“中国化”的转变，以帮助学习者实现学习世界经验的教学性目标和传播中国文化的教育性目标，落实课程“全人”培育目标。

（二）课程内容——鼓励中国英语

大学英语课程要传播中国文化。那么，什么样的课程内容有助于实现这一课程目标？

作为全球化进程的一个伴生物，英语已经逐步发展成为一门国际通用语，且短时间内不可能改变，“传统的英语单语（monolingual）模式逐渐转向为多语（multilingual）及多文化（multicultural）并存与相融的复合范式，成为当代英语使用语境的一种新常态”。在此背景下，用英语传播本国文化，成为中国文化走出去的重要现实途径之一，即以规范的英语表征中国“特有的东西”，葛传槼先生称之为中国英语。与中式英语不同，中国英语是“具有无法避免或有益于传播中华文化的中国特点的英语变体，它是东西方文化交流的产物，产生于文化的空缺。中国英语同时关照中国文化的“有形之物”（如建筑）和中国文化的“无形之物”（如中国文化价值观、人生信念、社会准则等），前者为文化认知，后者为文化认同。

就文化认知来说，中国英语一方面要表达传统中国文化，包括学术思想、宗教、教育、文学、艺术、科技、建筑、历史、语言文字等；另一方面，也要投射当代中国的基本国情。而“文化认同不是文化乡愁，它不是对过去的缅怀，而是对现在的定位和对未来的想象。它要在物的机械运动中开辟出价值和理想的天地”。大学英语要培育文化自信，不能仅仅停留于表层文化的介绍，而应展开深层文化的鉴赏。青年学生思想活跃，易于接受新鲜事物，但同时也缺乏一定的“扬弃能力”，展开中西文化对比与对话非常有必要。实际上，现代及后现代以降，西方社会不断反思自身主体文化，苦苦谋求“二元对立”思维壁障的突破，中国文化“二元融合”的传统与特质原就是我们的“文化资本”，也是我们文化自信的源泉。

（三）课程实施——开展中国话语

“文化自信的生成有其自身的规律，文化认知是前提，文化交流是条件，文化话语权的掌握则是关键。”培育文化自信，大学英语还应突破语言学教育的樊篱，开展语言学教育，即课程实施要基于语言、超越语言、走向文化。鉴于文化的话语中介性，这一过程可以中国话语为抓手，围绕一系列传统或当代文化事件，实现语言表征与文化意识的驱动与优化。

这就是说，文化自信视域下的大学英语课程，认同课程是活动、是师生在具体的教学情境中共同合作、创造新的教育经验的过程，这个过程中，课程主体的担当，课程机制的促发和课程媒介的丰富非常关键。

首先，“师生即课程”。作为语言与文化的双重使者，大学英语教师在课程实施中，要超越“技术理性”，追求“实践理性”和“解放理性”，努力以扎实的英语语言底蕴、深厚的中国文化素养，不仅解语言之惑，更引言语之旅，帮助学习者提高言说主体意识、优化言说内容与形式和夯实言说社会文化效果。另外，作为中国文化主体，学习者自身，生生之间同样存在巨大的主体意识、能动性和创造性可被依赖，通过话语导引，展开发现、探究、研讨等认识活动，则不但文化认知可被传递，文化认同更可期待。

其次，“活动产生意义”。杜威认为教育就是将逻辑的经验还原为心理经验。文化自信本质上是一种心理经验，它是直接的、鲜活的和内隐的，需要通过活动发挥学习者的主体性，交互作用和解决问题的能力，获得对世界的完整认识。具体来说，文化自信视域下，课堂教学提倡由学习者生活中的人和事出发，结合一系列传统或当代文化事件，贯穿以真实并符合学习者语言水平的产出任务，不但指向语音、词汇、语法等语言产出，更通过互证、互释，展开言语实践，以验证、对比和鉴赏不同文明及其话语的历史背景和现实意义，并通过活动习得潜在的价值观念、规范和态度等。

最后，“媒介即素养”。大众传媒时代，教育需要培养人的媒介素养，使人们具备对媒介的利用能力和对媒介的批判意识。文化自信视域下，教学资料应综合包含语言、交际和文化因素，促进真正的、双向的跨文化交际。具体而言，教学除了介绍异域文化外，还应弘扬本土文化，以相关性、真实性、适用性、时代性、多模态性兼具的教学资源，提升学习者对不同文化话语的理解，建立平等、宽容、合作、共赢的文化态度。同时，信息时代，第一课堂和第二课堂边界模糊，“课堂 + 网络”的立体化教学形态值得鼓励，学习者可以课堂为中心展开中国话语讨论，再以网络为平台辅助中国话语反思，促进语言技能和文化自信的双重提升。

（四）课程评价——认同中国价值

泰勒认为，课程评价本质上考量课程目标通过课程内容和课程实施的完成程度。文化自信是认知，更是态度。文化自信视域下大学英语课程是否取得预期课程目标，主要考量学习者课程前后文化自觉、文化自省和文化自信的变化：文化自觉上，课程是否促进了学习者多元文化意识和本土价值认知；文化自省上，课程是否促进了学习者文化批评意识和辩证文化态度；以及文化自信上，课程是否促进了学习者主体身份、本土价值认同和精神生活质量的新向度。

“文化是表意的实践活动，也是一种特殊生活方式的描述”，通过对学习者中国英语的输出能力和中国话语的实践行为的考察，文化自信视域下大学英语课程最终旨在实现“思想的全部功能在于产生行动的习惯”，即知行合一。

文化自信是当代中国的重大社会和文化课题。文化自信以价值为核心，以话语为中介。以语言和话语为媒介，构建中国文化话语将成为目前和今后相当长的一段时间里重要的社会实践。文化自信培育中，主体研究尤为重要，更具现实性。培育当代大学生主体的文化自信，应紧密联系他们的学习和生活。

课程的深处一定是文化。大学英语课程是中西方文化交流与贯通的主要渠道之一，应是表意、交际和思维的三方互动。通过对不同文化的反思与视域融合，将中国文化送到彼岸，大学英语课程需要凸显社会取向，补充母语文化内容，开展文化话语实践，促使价值认同，以促进学习者讲述中国故事，凝练中国话语，弘扬中国价值，成为文化自觉与文化自信新一代。

第六节　大学英语教学与中国文化输出

根据波特兰战略传播咨询公司发布的2016年度《软实力30强报告》(Soft Power 30 Report)，中国整体排名第28位。在经济全球化、互联网高度发达的信息时代，文化已成为这个时代进步和发展的标志。文化是一个国家尊严的代表，国家是否能够真正和平崛起取决于文化建设的水平。国际上有种说法：一流国家输出文化，二流国家输出人才，三流国家输出产品。但当代中国的现实是：文化不仅被西方忽略，也被我们自己忽略。2013年9月，中国国家主席习近平提出“一带一路”的倡议，要在文化平等的前提下谈合作，让文化“走出去”。“一带一路”，文化先行；文化如水，带路如舟。每个中国人都有义务和责任将我国文化传承下去，并传播至世界各地。大学英语作为一门大学生必修的公共基础课，覆盖面广、波及力强，大学英语教师应充分利用课程教学，在传授学生语言知识的同时，向学生传输西方文化和中国的传统文化，培养学生自觉的文化主体性和文化操守，让学生知己知彼，展示中国文化中积极而富有正能量的一面，凸显中国的文化软实力。

一、当前大学英语教学中的“中国文化失语”

20世纪80年代以来，英语教学中的文化研究引起了语言学家的关注，并有不少学者取得了一些研究成果。但是，这些研究通常注重的是西方文化的导入，对中国文化的导入涉及甚少，导致学生输出中国文化的能力极为有限，出现了所谓的“中国文化失语”现象，主要体现在课程设置、教学内容、教学方法和学生的表达能力四个方面。

第一，课程设置应试功利性。长期以来，大学英语教学的课程设置大都是为了让学生应对大学英语四、六级考试，注重传授语言知识，训练听、说、读、写、译等基本技能。

即便是全校性质的选修课，也只是开设一些迎合市场需求的英语写作、翻译和商务方面的课程。大多数高校没有开设中国文化英语课，因此学生对中国文化不甚了解，即使有所了解也不知道如何用英语表达，无法进行跨文化交际，更不用说进行中国文化输出了。

第二，教材编写中英文化失衡。目前国内高校使用比较广泛的英语教材为外语教学与研究出版社 2001 年出版的《新视野大学英语》、上海外语教育出版社 2011 年出版的《全新版大学英语》和高等教育出版社 2004 年出版的《体验英语》。“这些教材几乎都是反映第一语言为英语的国家的文化材料，而反映中国传统文化的英文教材却很少”。学生从教材中感受到的都是原汁原味的英美文化气息，却学不到有关中国文化的英语表达方式，教材内容出现了严重的文化失衡。

第三，教师中国文化修养和文化平等意识缺失。我国一些高校的部分英语教师由于自身缺少中国文化修养和文化平等意识，对中国文化的解析能力和教学能力有限，从而导致在课堂上只注重讲解西方国家的文化特点，侧重传递英美文化却忽视了对中国本土文化的传播，给学生提供的有关中国文化的英文素材数量也很欠缺，学生所知中国文化的英语释义寥寥无几，其结果造成学生难以用所学英语知识表达中国的本土文化，直接影响了学生对学习方向的判断，从而导致中国文化输出的能力欠缺，难以向世界传播中国文化。

第四，大学生中国文化的英语表达能力欠缺。英语的学习过程不仅是简单地学习一门语言，更多的是对这门语言相关文化的学习。学生自接触英语以来被灌输的多为西方国家的文化知识，表达我国本土文化的能力极为有限，即使是英语专业的学生也难以将一些具有中国文化色彩的词汇，如“神州大地”“华夏”“聊斋志异”等准确地用英语表达出来。

二、大学英语教学中导入中国文化的必要性

每个民族都有其独特的文化，文化是促进世界融合和国家进步的利器，让中国文化“走出去”是我国“一带一路”文化建设的主旨，更好地领悟中国文化，引领中国文化随着“一带一路”的建设走向世界是广大大学生的使命。在英语教学中导入中国文化，一方面可使我国优秀的传统文化得以传承；另一方面可促进我国文化走向世界，增强我国的文化软实力。其必要性主要表现在以下三点：

第一，导入中国文化是加强英语学习的需要。语言是用于交流的符号系统，其本身也是一种文化现象。学习语言的过程不仅仅是对这门语言的认知，更重要的是对这门语言相关文化的了解。学生对西方文化接受与否受各种因素的影响，如对文化差异的感知度、自身的认知水平、知识结构以及对本族文化的掌握等等。因此在英语教学中，应始终坚持中西文化相结合的原则，一方面，了解中西文化之间的共性有助于学生更直观地理解英美国家的相关文化；另一方面，了解中西文化之间的差异性有助于学生提高自身的文化主体性和文化操守。

第二，导入中国文化是传播我国优秀文化的需要。“语言是文化的载体，但语言并非

只能为某一种文化服务，语言可以是超文化或跨文化的载体。”语言和文化相互影响、相互支撑、相互依赖，“英语理应成为传播中国文化的有效载体”。而目前的实际情况是，学生在英语教学中吸收的主要是西方文化，对中国文化的输出仅浮于表面，不能在跨文化交际中掌握主动权；中国文化在进行跨文化交际时因文化差异而被误解的现象仍屡见不鲜。通过在英语课堂中加强对中国文化的导入，让学生学会如何消解中西交流中的逆差，能逐步提高中国文化在国际交流中的地位。

第三，导入中国文化是跨文化交际的需要。培养学生的跨文化输出能力是当前英语教学的主要目的。在当今日益频繁的国际互动过程中，两种语言的交流实质是两种文化的交际。在交流过程中，对于两种文化差异性的克服和共性的相互渗透、跨文化交际能力的培养无不受双向文化的影响。交际双方都应本着促进文化和谐，尊重文化差异的原则来进行跨文化交流，才能顺利达到文化输出的目的。因此，做到中西文化并重，既注重对西方文化的学习与借鉴，又强调对中国文化的传承与发展，是增强学习者对中西文化差异的宽容性和加强学习者跨文化输出的能力，促进跨文化英语教学的有效路径。

三、大学英语教学中大学生文化输出能力培养路径

语言服务于文化，而文化输出是当今时代提升国家软实力，增强国家综合实力的重要手段之一，针对当前大学英语教学中的“中国文化失语”现象，基于“一带一路”倡议，大学英语教学不仅要传授给学生语言知识和技能，还要大力导入中国文化，着力培育学生的中国文化输出能力，为我国文化软实力建设培养生力军。笔者认为可以从以下几个方面进行实践教学，提升大学生的文化认知和输出能力。

（一）在教学中增加中西文化的比较

中西文化存在很大的差异性，加强中西文化的比较能够加深学生对中国文化的理解并促进其对西方文化的了解。刘正光教授曾指出：“影响传递信息的各种语言的、非语言的文化因素，必须以外语学习者的母语文化比较作为对象，只有通过两种文化的差异的比较，才能找到影响交际的各种文化因素。”因此，增加中西文化的比较，理解中国文化是前提，包容西方文化是目标，这样才能有效地促进中西文化的交流并顺利达到相互借鉴的目的。当然，在对中西文化进行比较时，无法一并概括全部内容，因此我们需有目的、有针对性地进行比较。对于大学生来说，他们对本民族文化和西方文化都有了一定的了解，所以对二者的共性较容易掌握，而对个性往往缺乏了解。因此，中西文化比较教学应该坚持如下几个原则：首先，从中西文化的共性出发，再到个性差异；从表层文化出发，再到深层文化；有层次、有目的、循序渐进地增加中西文化的对比度。其次，寓文化教学于语言教学之中，文化含量必须是适度的，文化内容的深度必须与大学生所处的学习阶段相适应。最后，比较应立足于共识，着眼于当今世界。在教学过程中，通过对中西文化进行比较，大学生的文化敏感性能够得到增强，也将逐步具备文化交流意识、本土文化保护和传播意识。

（二）在教学实施过程中导入中国文化

语言学家戴炜栋说：“要实现外语教学既提高学生语言能力又培养跨文化交际能力的双重目标，决不能按照传统的外语教学思路和方法，把主要精力放在语言形式和词汇的教学上，而应将文化教学放在与语言教学同等重要的位置上，将两者统一起来。”教育部高等教育司于2007年颁布的《大学英语课程教学要求》规定：“大学英语的教学目标是培养学生的英语综合应用能力……使他们在今后学习、工作和社会交往中能用英语有效地进行交际……提高综合文化素养，以适应我国社会发展和国际交流的需要。”在当今的大学英语教学中，不能想当然地认为学生只要掌握了英美文化，就有了跨文化交际的基础。英语课堂的学习过程是学生学习和深入了解中国文化的有效途径，因此，在大学英语教学中，必须处理好语言教学与文化教学之间的关系，在课堂上应该有适当的文化导入，将中国文化融入语言教学，让学生更好地理解和汲取中国文化精髓，从而更好地实施让中国文化“走出去”的战略。

1. 完善英语教材

首先，教材是教学的基础和依托，大学英语教材是导入中国文化的载体。因此，在完善大学英语教材内容时，编写者应注意中西文化在教材中的平衡，增加一些有关中国文化的英语材料，在对比中西文化个性的同时注重二者的有机结合。比如，在教材中可以加入一些对我国传统风俗习惯、各个地区地域特色，以及我国所特有的茶文化和戏曲文化的介绍等。其次，除了教材外，教师还应选取一些名家的英译作品，或是一些有关中国文化的英语读物推荐给学生。这样一来，学生不仅可以从课堂上的教材学习中掌握中国文化知识，还可以通过课外英语读物了解中西文化之间的差异，通过对比其差异性，吸取两种文化的精髓，促进两种文化的相互融合。

2. 改进翻译教学

我国大学英语的教学通常将字词句的翻译技巧作为教学重点，且翻译方向多为英译中的模式。然而，根据CET4和CET6考试的最新改革方向，翻译内容更注重将汉语转化成英语，并由原单句汉译英调整为段落汉译英。但由于中国的英语教学仅注重西方文化，学生对中国文化的理解能力较差，很难理解翻译中汉语言文化的内在意义，导致翻译困难。因此，在翻译教学中导入中国文化势在必行。在教学过程中，教师可以让学生了解中国典籍诸如《论语》《道德经》《诗经》《红楼梦》等的简易英文译本，并让学生尝试翻译一些具有中国文化背景的资料，逐步了解中国文化和英美文化的差异，培养其文化的敏感性，加深学生对本族文化的了解，提升学生对中国历史文化背景的英语表达能力，进而提升他们输出中国文化的能力。

3. 精心设计作业

课堂讲解是传授知识的根本途径，课后练习是丰富知识的基本方式。教师应该通过精心设计课后作业，引导学生在课后学习语言的同时也自觉关注有关中国文化的内容。笔者对大一新生所做的问卷调查显示，中国的饮食文化、服饰文化、影视文化是大学生感兴趣的话题。教师可以利用这些潜在的因素，逐步引导学生关注中国传统文化习俗和中国文学艺术。此外，教师还可以给学生提供文化交际情境，让学生扮演情境中的角色，完成所布置的交际任务。学生通过模拟情境实践，切身体会中国文化的魅力所在，感知中国文化的精髓所在，提高中国文化的英语表达能力和输出能力。

（三）在教学中建立平等的文化意识

在“一带一路”倡议的引领下，文化平等是有效导入中国文化的前提条件。文化平等意识是解决东西方文化交流和文化传播问题的有效药剂师，是实现跨文化交际真正意义上的交流与沟通的筑梦师。因此，教师在教学过程中应从思想上树立学生的语言平等观和文化平等观。能够顺利进行跨文化交流是我们学习英语的根本目的，而在目前“一带一路”文化建设如火如荼之际，让我国优秀的传统文化“走出去”是我们学习英语的终极目标，因此，在充分了解和吸收外国文化精髓的同时，要注重以“我”为重，要学会准确地用所习得的英语知识来介绍我国文化。除此之外，根据“一带一路”倡议关于文化建设的要求，东西方文化的交流应本着彼此尊重的原则，树立平等的文化意识，在相互平等的基础上将我国辉煌的民族文化传播至世界。

1. 增加学生对本民族特色文化的了解

每个国家都有自己的文化特色和文化产物，这些文化特点和文化产物即成为一个国家的文化标志。中国作为一个历史大国，历史给我们遗留下来的文化特性是我们整个民族的骄傲和自豪。在大学英语课堂上教师应适时适量地向学生介绍一些我国文化标志的历史来源及其意义，如长城、故宫等文化名胜，旗袍、茶、陶瓷等文化产品，春节、端午节等民俗节日，引导学生利用自己的语言专长，将象征着中国人民勤奋、智慧、创造力和想象力的文化向国外推广。

2. 引领学生把握中国传统文化之精髓

没有了传统文化的传承，就谈不上文化的崛起和创新。随着新时代的发展，学生对中国传统文化的理解也不尽相同。因此，在大学英语课堂上，教师应该通过中西文化的比较，让学生深刻地意识到中国传统文化的精髓是一种基于“道”和“德”的文化底蕴，儒家文化里不止有“仁”和“礼”的深刻内核，更有对生命价值的尊重和人格尊严的维护，以及自强不息的精神和包容开放的胸怀。经典的中华古诗词一直涵养着中国人的精神生活，充实着中华民族的心灵空间，为大众认识自我认识世界提供着参照，因此在大学英语课堂上，教师应该向学生介绍中华古诗词中英文版本，让学生重新正视这份可贵的财富，引领学生把握中国传统文化的精髓，向世界输出中国的思想文化和艺术文化，让全世界知道中国优秀传统文化所追求的是一种真、善、美的人生境界。

3. 培养学生正确的文化价值观

自 20 世纪 90 年代以来，中国青年的人生价值观有三个基本的变化：群体本位向个体本位取向的偏移，单一取向向多元取向的偏移，理想主义取向向世俗性、物质性取向的偏移。一些大学生采取对传统文化全盘否定、对西方文化则全盘接受的态度。不融入世界，是绝对没有出路的，但一味强调融入世界的共性，却不强调本国民族文化的个性，是极其危险的。因此，必须在大学英语课堂上通过文化教育、文化选择等措施培养大学生积极的文化心态和开阔的文化视域，培养学生正确的文化价值观。

在大学英语课堂上，通过对比中西文化价值观，让大学生具备文化融合的观念，了解中华文化的价值观具有许多优势，是世界独特的文化瑰宝。“和谐”思想是中华民族五千年来一以贯之的核心文化价值观，“己所不欲，勿施于人”“和而不同”等是中华文化核心价值的“和谐”精髓。培养学生正确的文化价值观应坚持以下原则：既不忽略中国文化价值体系与外国各种文化价值观的共性，更应强调中国文化价值体系的独特性及其对世界所做出的贡献。这样中国文化才能得以广泛传播，并成为人类共创共享价值观的组成部分。

随着中国经济的国际地位的提高、全球一体化进程的加速、“一带一路”倡议的实施和国际交往的增多，我们有责任介绍和传播中华民族的传统文化，让世界了解中国、让中国走向世界。文化是动态的、具有生命力的，它会随着时间的改变而发生相应的改变，随着社会的进步而产生相应的效应。通过在大学英语教学中导入中国文化能让这块瑰宝大放异彩。充分利用英语教学的平台，在教学中导入中国文化，增加中西文化的比较，帮助学生建立平等的文化意识，把握文化对外传播的原则，不仅能够提升我国大学生跨文化交际的能力，同时还能在一定程度上树立我国的国家形象，增强我国文化软实力，从而成功达到文化建设和对外文化输出的目的。

第四章　中国文化与英语教学的实践应用研究

第一节　中国文化在英语教学中的应用

“中国文化失语症”是中国英语学习者普遍存在的问题，由英语教学中中国文化教学不足或缺失所致。因此，问题解决的根本方法在于将中国文化引入英语教学。然而，在英语教学中引入中国文化在我国尚属较新的尝试，存在一系列的需要深层次研究与探讨的问题。本节以中国文化英语文本开发为视角，从词汇、句子、语篇和文化四个层面探讨中国文化英语文本开发的基本原则，并从应用的角度提出中国文化英语教学的方法，目的在于如何通过中国文化英语教学培养学生的中国文化英语表达能力从而提高学生的跨文化交际能力。

中国英语教学所采用的教材主要是基于英美文化的文本（text），很少编入中国文化的内容。这一现象在改革开放初期并没有引起关注，主要是因为当时英语学习的目的是学习介绍西方文化知识。然而随着中国国际地位的日益提高和“一带一路”战略的实施，中国文化逐渐成为其他国家关注的话题。外国人对中国文化的好奇心和学习的意愿也随之增加。这就要求中国英语学习者具备用英语传播中国文化的能力。然而目前的事实是，即使英语表达能力较强的英语学习者在表达与中国文化相关的内容时也会变得“失语”，据此学界提出了“中国文化失语症”这一命题，而且得到了较为普遍的认同。“中国文化失语症”是跨文化交际中，学习者的中国文化英语表达能力不足所致，而这一能力不仅包括英语能力本身，还包括中国文化能力，两者缺一不可。因此，将中国文化适度引入英语教学是解决“中国文化失语症”这一问题的合理途径，同时也为中国英语教学提供了一个新的维度。然而，如何利用中国文化内容开展英语教学，仍是一个新的课题，有许多需要探讨与研究的问题。本节从中国文化对学习者英语能力、中国文化能力及开发和应用几个方面对这一问题进行分析，并据此提出解决思路。

一、中国文化英语表达能力构成简析

语言能力由词汇、组句、语篇和文化几个能力构成。词汇是组句的基础，而句子又是语篇构建的基础。词汇能力包括词汇的广度与深度两个维度。广度指词汇的数量，而深度

指对词汇的理解。这两个维度也是评价英语程度的重要指标。组句能力是指根据英语的语法知识和句法知识组词为句的能力，是单元语意表达的基础。语篇能力是利用句子组成一个语意连贯、形式衔接，实现一个特定交际目的的段落或数个段落的能力。文化能力指的是对某一语言所代表的文化知识的了解和解释能力，与语言能力密不可分。词汇能力、组句能力、篇章能力与文化能力是语言交际能力的构成要素。以此类推，中国文化英语表达能力同样可以分解为词汇、组句、语篇和文化几个基本能力。所不同的是，此处所说的这几个能力指的是用英语表达中国文化的能力。首先，中国文化与西方存有差异，而这种差异首先体现在词汇方面，需要专门学习方能掌握。在句子和语篇形成层方面，汉语与英语同样存在差异，同样需要通过学习去了解这些差异。其次，中国文化能力是中国文化英语表达能力中不可或缺的能力，这就要求中国英语学习者在英语学习中，重视中国文化知识的学习与积累。以上所说的四种基本能力的培养离不开以中国文化内容为主的英语文本（text）的开发与应用。

二、中国文化英语教学与中国文化英语表达能力的培养

中国文化英语表达能力由词汇、组句、语篇和文化几个基本能力构成，而这几个能力的培养离不开以“中国文化内容为依托”的英语文本的参与，现以一段介绍儒家学说主旨的英文篇章为例予以说明。该段文字选自微软大百科，由 12 个句子，195 个单词构成。

1)The Analects is the earliest Chinese text that stresses the concept of ren.2)Ren has been translated as “benevolence”“humaneness” or simply “goodness”.3)For Confucius，ren is the summation of human virtues.4)Ren is a quality that every human should strive to achieve，but it is so exalted that Confucius is wary of attributing ren to anyone.5)In one traditional Confucian view，ren has two aspects：loyalty and reciprocity.6)Loyalty is considered a commitment to the Way，while reciprocity means “not in fl icting on others that which you do not want yourself”.7)An alternative view is that ren is the perfect combination of a much longer list of virtues，including loyalty，reciprocity，wisdom，courage，righteousness，filial piety，and faithfulness.8)Wisdom has several aspects，including being a good judge of the character of others.9)Courage is lack of fear in doing what is right.10)Righteousness is doing what is appropriate for one’s role，as father，son，teacher，or student，for example.11)Filial piety is acting out of love and respect for one’s parents.12)Faithfulness includes honesty in word，but also involves not being glib.

这段文字篇幅虽不长，却是学习者用英语学习儒家学说的较为理想的范本。从文化知识角度来看，文本言简意赅地介绍了以“仁”为核心的儒家学说的基本价值观，并提供了相对应的英语表达方式。如仁被翻译为 benevolence、humaneness、goodness，忠译为 loyalty，恕译为 reciprocity，智译为 wisdom，勇译为 courage，义译为 righteousness，孝译

为 fi lial piety，信译 faithfulness、honesty，论语译为 Analects，孔子译为 Confucius。不仅如此，文本还对这些概念给予解释。解释这些概念的句子包括简单句，如句 2）、3）、5）和 8）；主从句，如 1）、7）、9）和 10）；并列句，如句 12）以及复合句，如句 4）与句 6）。这些句子结构囊括了英语句型的 4 种结构，可以满足句子层面学习的需要。从语篇角度来看，所选语段语篇是一篇说明文，由 12 个句子组成，各句之间在语义上是连贯的，形式上是衔接的。从文本结构来看，该语段采用了总—分（From General to Speci fi c）的模式，从一般到具体，以“论语”一级话题，引出下辖的次级分话题，实现了语篇说明与解释的功能。

从以上案例可以看出，“以中国文化内容为依托”的英语教材不仅可以满足英语学习本身的需要，同时还可以帮助中国英语学习者提高中国文化英语表达能力，可谓“一举两得”。再者，将中国文化引入英语教学也是中国“走出去”战略和全球化背景下的必然要求。“走出去”和全球化意味着中国文化的在世界范围的传播与交流，而这种传播责任自然需要由中国人自己承担。面对新的背景，中国的英语教学应“与时俱变”，做出相应调整，增加英语教学中本族文化新的维度，培养通晓中西文化，具有较强跨文化交际能力的外语人才，适应时代的要求。

然而，将中国文化引入英语教学并非一个简单问题。第一，是否在各级英语教材适度适量地编入中国文化，就是一个自上而下的决策过程。问题的焦点在于这种引入是否会给英语学习本身带来负面影响，所以需要通过实验进行论证，但这需要时间。第二，师生对这种有可能发生的变化的态度，这仍然是个需要广泛调查的问题。第三，如果将中国文化编入教材，那么应该怎样“操作”。前两个问题是观念问题，而第三个问题是“技术”层面的问题，涉及教材的开发和教学方法两个基本问题。这两个问题也是本节重点探讨的问题。

三、中国文化在中国英语教学中的开发

英语教材的开发应满足实现英语教学根本目标的需求，而英语教学的最终目的是培养学生的跨文化交际能力。这个能力可粗略地分解为语言能力和文化能力。这其中，文化能力既包括目的语文化也包括本族文化的英语表达。由此，以“中国文化为依托”的英语教材开发应从教学的视角，从内容的选取、内容的英译处理和教学设计几个主要维度进行考量。

（一）基于教学需求的中国文化内容选择

中国文化英语教学的实现取决于与之相匹配的英语教学材料编写，而教材编写的首要问题是内容的选择。这一选择基于我们对中国文化的基本认识。中国文化的一大特点在于它的深度与广度。横向地看，中国文化涉及文化的方方面面，从文学、历史、哲学、政治、经济到艺术、建筑等方面都成就斐然。纵向地看，中国文化是在几千年漫长的历史过程中逐渐形成发展而来的，包括古代、近代、现代和当代文化。中国文化的广度与深度为文化

教学提供了极为丰富的可开发的资源。然而，如何从“浩如烟海”的中国文化庞大总量中选择适应于教学的中国文化内容，是一个相当复杂的问题。除语言和文化能力两个基本考量外，文化内容的选择首先要考虑的是教学层次问题。

我国英语教学始于小学三年级，止于博士生的培养。受语言能力的限制，小学阶段的英语教学还不适宜正式引入中国文化内容。进入中学阶段，随着学生英语能力的提升，英语教学中引入中国文化便成为可能。由于英语教学在中学阶段是一门独立的课程，教学限于教科书，因此，中国文化内容的选择应考虑如何嵌入的问题。首先，中国文化内容在教科书中应占多大比例才最为适宜以及如何与西方文化进行对接？有关这一问题需要通过教学实践进行研究论证。其次，针对中学英语教学应该选择什么样的文化内容开展教学？有关这一问题，我们可以从中学生的认知方式和水平两个角度来考量。针对初中生，文化的引入应以文化事实为主，如中国的传统节日、历史及历史名人介绍。从形式上讲，文化引入应以叙事体裁为主，如“守株待兔”和“塞翁失马”这些经典的寓言故事。而针对高中英语教学，除基本的文化事实外，可以适当引入思想方面的内容，如诸子百家学说和文学方面的内容。

与中学不同，大学英语教学分为专业英语教学和非英语专业教学，教学上享有更大的自由度。从当前状况来看，专业和非专业英语教学都加强了中国文化因素，如非专业四级英语考试中已将中国文化纳入考试范围，而在专业英语中开设了中国文化选修课程。由此可见，将中国文化引入英语教学已成为共识。大学阶段的英语教学除继续提高语言能力外，还应考虑学生分析与评判等独立思考能力的培养。因此，面向大学英语教学的中国文化选择不应仅限于文化事实的学习，而是对文化事实背后的思想基础的学习和认知，简言之，对中国文化的深度学习。基于这一目标，文化内容的选择应侧重思想文化，如哲学、政治以及经济等可以引发思考的内容。选材可以扩展到国内外学者有关中国文化研究的成果，如论文和专注等。这种选择一方面对提高中国文化英语表达能力有贡献；另一方面，也可以满足学生对中国文化的深度学习的需要。针对更高一级的研究生及博士层次的教学，英语专业教学设置中，可以考虑设置中国文化方向的学位课程，培养这方面学术与教学能力相结合的人才，以满足各级教学的需要，毕竟中国文化教学是一个专业性较强的课程，不仅需要语言能力，还应具备系统的专业知识。

（二）基于教学的中国文化英语文本的加工

中国文化英语教学，顾名思义，是以英语为载体并以英语为教学用语的中国文化教学。因此，与之相适应的教学文本，理所应当是中国文化与英语相结合的语言文本（text）。关于文本的开发，其核心问题就是中国文化的英语翻译问题。令人可喜的是，从事相关研究的中西方学者对中国文化早已开展的大量的英语翻译工作，对中国文化的英语表述做出了杰出的贡献，同时也为中国英语学习者的英语学习提供了丰富可选资源。

早在明朝，意大利传教士利玛窦在中国传教时，就开始向西方介绍中国古典哲学。他将孔子翻译为 Confucius，将儒学译为 Confucianism，将孟子译为 Mencius。中国老一代翻译家，如杨宪益、许仲渊等经多年不懈努力将大量的中国优秀传统文化经典著作，如四书五经、四大名著等译为英文，介绍到西方世界。这些译作中含有大量表达中国文化的词汇，包括历史、哲学、文学、饮食文化以及风俗习惯各个方面。因此，我们现在所面对的主要问题不是如何去翻译所选定的内容，而是如何从教学的角度出发，对已有的翻译进行进一步的加工处理，既要满足学习者文化学习的需求，又要满足语言学习的需求。有关文本的语言问题，我们仍然要从词汇和句子等角度进行考量。首先，从词汇角度来看，以中国文化为依托的英语文本包括两种词汇：中国文化词汇和普通词汇。随着多年来中国文化在世界范围内的英语传播，众多表达中国文化的英语词汇已被广泛地理解与接受，成为英语世界学习了解中国文化的英语词汇，如 tea、spring festival、Confucianism 等。因此，在文本的加工过程中，应选择已被普遍接受和广泛应用的中国文化英语表达方式，而对于存疑的表达则需要中外学者合作研究，达成共识。

句级层面的表述是以中国文化为依托的英语文本加工的第二个问题。句子是学习句法知识和词法知识的重要途径，也是中国文化英语表达的重要手段。英语的句子结构分为简单句、并列句、主从句和复合句四种类型。文本加工过程中句子结构的选择应根据学习者的层次和英语水平，对文本中原有句子进行简写、改写等处理过程，为教学提供规范和得体的英语句子。针对初中生而言，文本中的句子应以简单句和并列句为主进行编写；面向高中生，可采用含有主从句和符合句的文本开展教学；而面向大学英语教学，则应选择较为学术性的语言，满足大学生学习中国文化的需求。现以有关孔子介绍的三段节选文字予以说明：

1. “Confucius was a wise Chinese philosopher who was born more than 2，500 years ago. He taught his followers how to live a good and moral life，and his teachings are still studied today.”（Original）

2.Confucius was a wise Chinese thinker.He was born more than 2，500 years ago.He taught his students how to live a good and moral life.His ideas are still with us today.（Adapted）

3. “For more than 2，000 years the Chinese people have been guided by the ideals of Confucianism.Its founder and greatest teacher was Confucius，whose humane philosophy also in fl uenced the civilization of all of eastern Asia.”

第一段文字选自微软电子百科，从词句难度考量适合高中英语教学。第一个句子可以帮助学生学习定语从句。第二个句子可以帮助学习并列句以及被动语态。从词法来看，可以帮助学生复习 teach 这个词的用法。第二个语段为笔者根据第一个语段简写后的文本，由三个简单句构成，更适合初中英语教学。第三段文字选自大英电子百科，从语言和思想内容来看，更适合大学阶段的中国文化教学。

以上所给出的三段文字是从文本的角度讨论教材开发问题，然而，文本并非唯一的形式。中国文化呈现的方式还包括以英语为介质的影像、音像和慕课等多种其他形式。与文本开发不同，这些形式的开发更为复杂，需要资金和不同专业人员的投入。笔者认为，较为经济有效的方法是将目前已有的相关影片资源重新用英语配音，简化开发制作过程。这一做法可以使已有资源得以更为充分的应用。

四、中国文化在英语教学中的应用

中国文化在英语教学中应用的主要问题是中国文化英语教学方法的探讨。有关这一问题，英美等文化的教学已形成一些较为成熟的方法，可供我们中国文化教学参考借鉴。这些方法包括：Culture capsules（文化胶囊法）、Culture assimilators（文化同化法）、Culture incidents（文化事件法）、Mini-drama（微型剧法）、Audio-motor（听做法）、Cultoons（文化漫画法）和 Media-Visuals（图片影片法）等 7 中常用方法。

“文化胶囊法”可以理解为话题法，即根据话题呈现一个较小的文化专题知识讲座，供学生学习讨论，这种方法也是我们现在常用的方法。“文化同化法”指的是文化语境与言行的关系。这种方法设定在两个不同文化语境中交际者的言行选择，培养学生的言行适应性，简言之，就是“入乡随俗”。“文化事件法”指的是同一语境中不同文化差异导致的冲突解决方法，可理解为案例法，主要培养跨文化交际能力。“微型剧法”是以短剧的形式呈现一种文化知识，或两种不同文化因差异而导致的冲突。教师可提供剧本，由学生排演。“听做法”与 TPR 教学法类似，不同的是它是针对一个文化专题设定指令并由学生完成，并在执行过程中学习相关的文化和语言知识，如就“包饺子”的过程设计指令。“文化漫画法”指的是将一个文化现象制成漫画，引导学生探讨现象背后的文化。这种方法今年来常用于大英四级考试的写作考察中。“图片影片法”是通过图片和影片呈现文化知识，是教学中常用的方法，也是学生较为熟悉的方法。这种方法的关键在于有可供使用的相关资源。

以上几种文化知识教学方法各有千秋与侧重，对英语教学中开展中国文化教学无疑有积极的借鉴作用。不仅如此，它们还为中国文化英语教学的教材开发形式提供了许多不同的角度，值得我们深入研发。开发成果不仅可以用于中国学生，同样也可用于国外中国文化教学。

第二节　中国英语教学中中国文化的应用

经济全球化进一步奠定了英语的国际通用语地位，英语的传播与使用的一个必然结果是英语与各地的文化相结合，形成不同的英语变体，可以说，英语的发展已经迈入“复数化的世界英语”时代。“中国英语”是英语与中国文化相结合的产物，不过相比加拿大英语、澳大利亚英语、新西兰英语等英语国别变体，“中国英语”的国际影响力并不高，这与国内广大英语教育者没有充分意识到“中国英语”这一概念的重要性有直接的关系。中国的英语教学不应是仅指传统的中国境内的英语教育，“中国英语”不再是指英语教学的地理维度，“中国英语”教学应是涵盖中国文化教育的、具有中国特色的英语教育。也就是说中国文化教育是英语教学的一个必然构成要件。

一、“中国英语”的认知

中国的学者已经意识到具有中国特色的“中国英语”是世界英语家族的一员，但是对于“中国英语”这一术语的理解仍未达成一致。1980年，葛传槼首先提出“中国英语”(China English) 这一术语，他在《翻译通讯》上撰文指出：“英语是英语民族的语言，任何英语民族以外的人用英语，应该依照英语民族的习惯用法。不过，各国有各国的特殊情况。就我国而论，不论在旧中国或新中国，讲或写英语时都有些我国所特有的东西需要表达（贾冠杰，2013）。”葛传槼老师提出的“中国英语”，区分了“中国英语”与“中国式的错误英语”（Chinglish）的区别，突破了当时强势文化（西方文化）对弱势文化的影响，肯定了中国特色英语的正确性。随着时代的变迁，语言自身的社会性与动态性使得“中国英语”的内涵与外延也不断拓展，1991年汪榕培先生将“中国英语”定义为“它是中国人在中国本土上使用的、以标准英语为核心，具有中国特点的英语”。笔者比较赞同贾冠杰（2013）在综合众家之言的基础上对“中国英语”的归纳，“中国英语”是：（1）操汉语的人们使用的；（2）以标准英语为核心的；（3）反映中国文化的；（4）具有中国特点的；（5）英语本族语人能够理解、并接受的英语。当前中国高校的英语教育正是由于缺乏对“中国英语”这一概念的认知而屡遭社会诟病，多数高校毕业生虽已通过大学英语四、六级考试，可是他们中国文化的英语表达能力极差，很难用英语介绍中国的文化内涵与国情，跨文化交流时根本反映不出文化古国学者应具有的深厚文化素养，更难说肩负起弘扬民族文化的历史重任。由此，一些激进者甚至提出了“英语威胁论”。其实英语教学与中国文化的教育是并行不悖的，相反作为国际通用语，英语的学习有助于我们用全球文化视角审视中国文化、有助于中国本土文化的输出、有助于中国文化软实力的提高。由于缺乏对“中国英语”的国别认知，大学英语教师虽然具备了国际视野却缺少本土文化意识，造成课堂教学目的语输入与本土文化输出严重不平衡；教师盲目地用英式英语或者美式英语的单一标准要求学生，狭隘地将任何不符合英式英语或者美式英语标准的表达归结为汉语的负迁移作用，导致大学英语教育中“去中国化”的现象十分严重。“中国英语”是英语语族的一员，高校教师亟须正视“中国英语”这一英语国别变体的客观存在，认识到“中国英语”教学是包括中国文化在内的英语教育。

二、“中国英语”教学的必然性

“中国英语”教学不仅是英语发展的时代要求，也是中国英语教学改革的必然趋势。

在中国，英语的教学理念与方法随着时代的变化历经变革，遵循着改革→发展→问题→改革的良性循环结构。时代的变迁要求英语教学与时俱进，社会需求与英语教育之间的矛盾推动着大学英语教学改革持续向纵深方向发展。20世纪80年代之前，奋起的中国急于摆脱落后的地位，英语是中国学习世界先进科学技术的重要媒介。因此，当时的大学英语教学偏重词汇、语法的学习，“语法翻译法”教学方法盛行，培养的毕业生擅长书面写作及外文材料的翻译，口头表达能力差。语法翻译法满足了特定时期中国旨在学习西方的外语人才培养目标，然而对文化知识的忽略，致使中国学生在跨文化交际中言语行为缺乏得体性，中国高校的英语教育被戏称为“哑巴英语”；改革开放尤其是中国加入WTO之后，中国加快了与世界接轨的步伐，果断地参与全球化的历史进程，国际交往的增加使得英语教学越来越关注学生的外语交际能力，原有的只教语言、不讲文化的教学法已不能满足新时期国家的发展需求。2007年，教育部颁布的《大学英语课程教学要求》中明确了大学英语以跨文化交际为主要内容之一，教学目标是使学生在今后的学习、工作和社会交往中能用英语有效地进行交际，以适应我国社会发展和国际交流的需要。外语交际能力就是跨文化交际能力，是指根据不同文化背景的语言交际者的习惯得体地、合适地使用语言的能力，包括语言能力、非语言能力、跨文化理解能力和跨文化适应能力等方面。因此，高校英语教育开始普遍重视英语文化的导入，教学中强调语言背景中的文化内涵，语言与目的语文化相结合的教学方法也取得了显著的成就，学生的英语使用能力不断提高。不过，另一个问题接踵而至，跨文化交流时大学生的言说方式、内容和用以言说的术语都是西方的，中国文化基本呈失语状态。中国毕业生虽然掌握了英语的语言结构与表达方式，可在与外国友人交流时，很难用英语介绍中国，经常是想说却说不出、想写又写不清楚。糟糕的是，文化交流的逆差经常造成外国友人对中国文化的误读，如中国的崛起被西方理解为“中国威胁论”，这虽然表明西方缺乏对中国文化的基本了解，但是我们也该深思中国英语教育者的自我文化意识。英语教育者理应主动承担起中国文化的传播责任，而不是一味地被动等待中国文化的“被认同”。21世纪中国承担的国际义务不断增加，世界越来越关注中国的发展，当今的中国正从“本土型国家”转变为“国际型国家”（王守仁，2011）。时代的走向决定了英语教学中必须改变当前目的语文化一边倒的教学模式，重审中国文化教育在大学英语教学中的地位与作用，培养心系中华、知中也知西的社会主义建设新时期的外语人才。据此，中国英语教学必须改变“去中国化”的现状，构建适合“中国英语”发展的教学模式。

三、中国文化在“中国英语”教学中的应用

首先，政策引导。宏观的政策是课程设置的指南，是大学英语教师教学活动的指导方针。宏观政策要体现出英语教育的国别色彩，明确将中国文化纳入高校英语教育之中。教育部颁发的《大学英语课程要求》（以下简称《课程要求》）是高等学校组织非英语专业本

科生英语教学的主要依据，现行的《课程要求》中，并没有体现出对“中国英语”国别维度的重视，这是大学英语课程设置、教材编撰以及课堂教学中中国文化缺失的根本原因之一。现行的大学英语的教学目标是培养学生的英语综合应用能力，特别是听说能力，使他们在今后的学习、工作和社会交往中能用英语有效地进行交际，同时增强其自主学习能力，提高综合文化素养，以适应我国社会发展和国际交流的需要。教学目标中并没有具体涉及“中国英语”的国别色彩，其中提高综合文化素养也被普遍理解为对目的语文化国家的生活方式、社会习俗、文化渊源的理解。《课程要求》中因地制宜地将大学阶段的英语教学要求分为三个层次，即一般要求、较高要求和更高要求。高等学校非英语专业本科生的英语教学可以根据各自的办学定位、人才培养目标选择应达到的标准。以阅读要求为例，一般层次要求能基本读懂一般性题材的英文文章，能借助词典阅读本专业的英语教材和题材熟悉的英文报刊文章；较高层次要求能基本读懂英语国家大众性报纸杂志上一般性题材的文章，能阅读所学专业的综述性文献；更高层次要求能阅读国外英语报纸杂志上的文章，能比较顺利地阅读所学专业的英语文献和资料。可以看出大学英语的教学要求着重学生的英美文化及特殊用途英语的阅读能力，中国文化的阅读并没有罗列其中，“中国英语”的国别色彩被忽略，这在很大程度上导致大学毕业生中国文化相关的英语表达能力薄弱，能够阅读英美报刊，却无法用英文介绍中国的文化或者当今国情。不过，可喜的是，2013年12月全国大学英语四、六级考试新增段落翻译题型，所占分值为15%，翻译考查的内容涉及中国文化、经济、社会发展等题材，这是大学英语四、六级考试首次将中国文化元素明确纳入四、六级考试体系。不可否认的是，大学英语四、六级考试是大学英语改革的风向标，中国文化元素的加入已经对大学英语教学产生了反拨作用，高校英语教师开始有意识地强化大学生英语学习中中国文化输出的意识。不过，有关“中国英语”教学的系统的政策仍未出台，英语教学中的中国文化教育主要源于教师的个人文化意识，具有很大的随意性，有关部门应尽早规范中国文化在英语教学中的地位与应用，顺应全球化与中国本土化发展新时代外语人才的培养需要。

其次，教材建设。教材是学生学习、教师开展课堂教学活动的重要依据，当前各类大学英语教材皆标榜文章选自国外报刊、学术文献、经典英美小说，主干教材仍然以英语语言基础知识和西方文化为主，反映具有中国特色的社会与文化现象的英语文章难得一见。例如，多数高校非英语专业采用的英语教材是外语教学与研究出版社出版，郑树棠主编的普通高等教育“十一五”国家级规划教材《新视野大学英语》（第二版），该套教材有先进的教学模式，创造性地将计算机网络技术引入大学英语教学，选取的文章内容丰富，涉及英语文化国家的语言、文化、历史、习俗、伦理、信息、科学、社会焦点等方面（郑树棠，2008），无论是在课文中还是在课后配套练习题中，西方的文化知识贯穿英语语言教育的始终。相比较之下，有着几千年历史沉淀的中国传统文化，当代中国日新月异的发展在本套教材中却难觅踪迹，这也是大学生中国文化英语表达能力薄弱的一个主要原因。跨文化交流是双向的，只能谈论西方文化，无法用英语表达本土文化如何达到有效交际的目的？

纵观该套教材，唯有在第四册的第一单元“名气之尾”（The Tail of Fame）的一个例子中、在一连串的西方名人之后第一次出现了两位中国人的名字：陈凯歌、张艺谋，用来说明名气使一些艺术家失去了用其他风格或形式表现自我的自由。反观西方，汉学热持续升温，孔子学院四处林立。西方有志之士早已意识到单一的西方文化并没有优势，更多的外国留学生来到中国，学习中国的文化。值得我们反省的是，当外国留学生与中国大学生谈论Confucius时，很多中国大学生竟不知道Confucius是孔子的英译。民族文化必须扎根在自身文化的土壤中，失去了自身文化的自主性，也有损对异质文化的吸收能力。鉴于此，高校教材内容亟须转变选材原则，尽快从一元化走向多元化，加强教材的内涵建设，顺应“中国英语”的发展趋势。教材的编写应考虑西方文化输入与中国文化输出的平衡，加入用英语介绍中国传统文化和当今国情的素材。

最后，教师的文化自觉。教师是课堂教学的实施者，教师的信念比教师的知识更能影响其教学行为，这里“信念”不是指一个人的信仰或理想之类的东西，而是泛指他所信以为真的东西、他内心深处对特定事物的个人看法。教学内容和教学方法是教师信念的反映，因此，高校教师对“中国英语”的认知水平直接决定了英语课堂跨文化交际中中国文化所占的比重。文化自觉是生活在一定文化历史圈子的人对其文化有自知之明，并对其发展历程和未来有充分的认识。“中国英语”发展趋势下，高校教师应该提高本土文化的自觉性，有意识地将中国文化融入英语教学之中。例如，《新视野大学英语读写教程》（第二版）第三册第四单元“美国文化的五大象征”（Five Famous Symbols of American Culture），稍有文化自觉意识的教师就会引导学生思考分析中国文化的象征；如果教师文化自觉性不高、本土文化自信心不足，这种文化信念会渗透在教师的教学行为中，教师会完全忽视中西文化的差异，仅仅讲解课文内容，造成教学中的“去中国化”现象。可见，教师的中国文化自觉性将深深影响其教学行为。即便是当前的教材中国文化缺失，文化自觉性强的教师会主动从报纸、杂志或者网络媒体上选取与中国文化相关的资料，作为教科书的补充；文化自觉性强的老师还可以通过设置教学任务、组织教学活动深化学生对中国文化的认知。词汇讲解时，教师可以有意识地选择、构建与中国文化相关的例句；撷取有关中国的地理、历史、教育、经济、习俗、日常生活等方面的内容作为听力、阅读素材；讲解课文中有关西方文化知识的同时，引导学生辩证地看待中西文化的差异。举个简单的例子，《新视野大学英语读写教程》（第二版）第二册第一单元“注重时间的美国人”（Time-Conscious Americans）展现了美国文化的时间概念，作者从美国人的日常生活、商务贸易等侧面为我们刻画了一群分秒必争的美国人。从美国人的日常生活节奏可以看出美国是快文化，有文化自觉意识的教师会启发学生思考中国传统的时间观念是什么，中国的慢文化与美国的快文化的差异，两种文化时间观念的利弊，以及当代中国慢文化是如何受到美国快文化的影响、如何看待这种影响。再如，文章的第二个侧面反映美国人进行商务贸易时会直奔主题，省略寒暄问候，这与中国文化是明显不同的。有文化自觉意识的教师可以通过此差异向学生介绍借助清晰、明确的语言传递信息的文化是低语境文化，使用模糊或概括性语言传递信息的文化是高语境文化。显然，美国文化是低语境文化，中国文化是高语境文化。低语境文化群体认同感相对较低，时间安排具有高度计划性，因此低语境文化的时间取向通常是线性的；高语境文化群体归属感更强，时间安排以当前需要为依据，较为宽松、易变，时间取向通常是循环的。可见教师的文化自觉性直接影响课堂教学中本土文化的教育及所占的比例。跨文化交际一定是双向的，不能只知西方文化而忽视本土文化，英语教师更应提高文化觉悟，有意识地将本土文化融入课堂教学任务之中。

总之，“中国英语”是世界英语语族的一员，高校教师应该增强本土文化自信、提高文化自觉，走出英语教学与中国文化教育相悖的误区，有意识地将本土文化与英语教学融为一体。英语教学不能仅仅停留在介绍西方社会和文化阶段，中国的英语教学一定要关注英语的国别色彩，培养既具有国际视野又拥有本土文化意识的、中西合璧的外语人才。

第三节　中国文化在旅游英语教学中的应用

高校旅游英语课程开设的目的是更好地为国外游客提供旅游服务，使国外游客能够了解我国的历史文化，从而将我国的文化传统发扬光大。但是，目前我国高校旅游英语课程教学中缺乏中国文化元素，导致学生无法通过英语为国外游客很好地介绍中国文化，从而使得跨文化交流存在障碍。为了提高旅游英语课程的实用性，在高校的旅游英语教学中需要渗透中国文化。本节将对中国文化在高校旅游英语课程教学中的应用进行具体分析。

文化的含义很广，包括信仰、风俗、艺术、法律等多种元素。旅游是文化传播和交流的一种有效途径，而文化是旅游的一种需求，因此，二者之间是相辅相成的关系。旅游的发展能够促进文化的沟通和交流，而这种交流更是跨地域、跨文化的交流。我国的历史文化传承上千年，为旅游文化提供了充足的资源，世界旅游业的观念在不断转变，由单纯的出行变成以文化和精神享受为目标的文化旅游，人们在旅游的过程中更加重视文化因素。所以，高校旅游英语教学的宗旨不再是单纯地为了与国外游客顺利地进行语言方面的沟通与交流，更是为了将中国的文化传播到全世界，促使世界人民更加全面地了解中国，由此可见，在高校旅游英语教学中渗透中国的本土文化是必要的。

一、中国文化在旅游英语课程中的渗透现状分析

随着我国旅游业的发展，国外游客越来越多，针对这种状况，我国很多高校都开设了旅游英语课程，以此来培养具有高级英语口语表达能力的旅游业人才。一般来说，旅游英语教学中主要是以英语语言教学为基础。但是，由于旅游英语的特殊性，学生必须掌握特定场合的英语表达能力。而形成这种能力，不仅需要学生具有较高的文化素质，还需要有意识将这种文化传达给他人，并且在传达的过程中要采用能够满足信息接收者文化习俗和

特征的表达方式，才能使其能够理解所要表达的意思。所以说，旅游英语教学不仅是一门语言学科的教学，同时也是一门文化学科的教学。目前我国的旅游英语教学中为了能够更好地迎合国外游客的需要，在课程的设置中加入了很多西方国家的文化知识，使学生能够充分了解西方文化，更好地服务于西方游客。但与此同时，对本土文化的传输却存在缺失，使得中西文化交流存在障碍，陷入西方文化单向传输的误区，中国文化在旅游交流中日渐凋零。

不难看出，我国高校旅游英语教学中本土文化的缺失导致了西方文化的强势入侵，而本土文化却难以传输出去，使得我国的文化实力和竞争力受到限制。无疑，这说明我们在高校旅游英语教学中对文化的认识过于片面，缺乏对语言共性的了解，同时也是对本土文化重要性认识的缺失，使得高校旅游英语教学难以形成有效的中国特色体系。因此，高校旅游英语教学中需要渗透中国文化，使学生能够利用英语去解析中国文化，从而提升学生的跨文化交际能力，这是我国高校旅游英语教学中最主要的研究课题。我国必须提高对旅游英语教学中渗透中国文化的认识，站在国际文化交流的立场，以提高我国文化软实力，提升我国国际话语权和领导权为目标，来认识中国文化对旅游英语的作用。总而言之，高校旅游英语课程的开设要注意结合课程的特点，在开设英语文化课程的同时，还要持续开设与中国文化相关的英语课程，设置专门的中国文化单元，并将中国文化教学作为一个长期的研究课题渗透到旅游英语课程中，从而来弥补中国文化的空白。

二、中国文化在旅游英语教学中应用的意义

有效传承我国的民族文化。民族文化是一个民族区别于其他民族的特征，中国拥有五千年的文明历史，其历史文化博大精深，在文化造诣上屹立于世界之巅。我国的文化主要可以分为物质文化和精神文化。物质文化主要包括服饰、文学艺术、建筑、美食等传统产品；而精神文化包括价值观念、思维方式等精神层面的文化传承。目前我国高校的旅游英语教学中西方文化单向输入的现象严重，而本土文化的输出却存在严重的缺失，同时也使得西方的文化强势入侵现代青年人的思想。很多年轻人的生活方式和行为以及价值取向更趋向于西方文化，很多学生产生“崇洋媚外”的思想，认为国外的一切都是好的，而我国的思想文化却是落后的，从而对我国的传统文化知识知之甚少，而对国外的文化知识却如数家珍。这在一些中西方的传统节日中就可以明显地体现出来。对此，我们不得不担忧我国传统文化的没落和消失。不可否认，在经济全球化的现代，各国的文化交流是必要的，但是这种交流必须以平衡交流为前提，不能为西方文化的强势入侵和展现霸权主义提供条件。作为文化交流前端的高校旅游英语教师必须肩负起弘扬中国文化的重任，在教学中筛选出具有中国文化核心价值的部分，加入旅游英语教学。比如，充分讲解中国的儒家思想、厚德载物的民族精神等内容，来增加学生的民族自豪感和文化认同感，培养学生对文化的理性以及互渗意识，使他们意识到中国文化是世界文化中的重要组成部分，其文化精华是

世界文化中不可缺少的，更是不可替代的，从而促使学生在跨文化的国际交流中，能够自豪传扬我国的文化，保持我国文化在交流中的自尊和自信。

有利于跨文化的国际交流。不同国家由于信仰、经济体系以及历史的不同导致每个国家的文化存在很大的差异。而跨文化的国际交流就是指不同文化背景的人进行信息交流。旅游英语教学的主要任务正是有效地完成跨文化的国际交流，可见，在旅游英语中加入中国文化对跨文化国际交流大有益处。在旅游英语中建立比较系统的西方文化课程体系能够加深学生对西方文化的了解，使学生能够对西方文化的起源、宗教、风俗等有更加深刻的了解。而加强中国文化的渗透则有助于提高学生对本土文化的认识，使学生对本土文化的重视度有所提升，从而促进学生文化知识的平衡，使文化知识体系更加完善。所以说，在高校旅游英语中加入中国文化是跨文化国际交流的需要。随着改革开放和经济的发展，我国在世界上的地位逐渐提高，国际影响力也越来越大，从而使得中国文化越来越受到关注。此时，我们必须把握好这个机遇，在积极吸取外国文化精髓的同时，将我国的文化传扬出去。在旅游英语中加入中国文化，能够提高学生的文化素养，使学生可以用英语表达我国的文化内涵，增强学生的文化意识，提高学生的跨文化国际交流能力，从而提高我国文化的软实力。

三、中国文化在旅游英语教学中应用的途径

旅游英语课程涉及的范围比较广，是一门跨文化、跨国际的人文学科。在旅游英语的教学中不仅包括经济、历史、社会等文科专业的知识，同时也包括建筑、生物、环境等理科专业的知识，这对学生的要求较高。也就是说，学生不仅要具备流利的英语表达能力和渊博的知识，同时还要有极强的实践能力。所以，高校旅游英语教学的培养目标必须明确，即以培养一专多能的高技术人才为己任。在教学中必须以全球发展为背景，将跨文化国际交流作为基础，对教学理念、教学内容以及教学目标等进行调整。

以文化教学为基本理念。旅游英语教学不能仅将英语知识和旅游知识作为教学目标，文化教学也是旅游英语教学中的重点内容。文化教学是指，在语言教学的同时还要将所学语言国家的文化知识、风土人情等融入教学，使学生在学习语言的同时能够了解所学语言国的文化背景，其中的文化既包括所学语言国家的文化，也包括本土文化。中国学生在长期的英语学习中，由于受语境、发音等方面的限制，使得母语文化对英语学习的副作用被无限放大，从而忽视了母语文化在英语学习中的正向迁移作用。在旅游英语教学中，教师必须认识到中国文化对英语学习的有利影响，并有意识地将中国的文化渗透到旅游英语的教学中。只有将文化与旅游英语有效结合才能够成为文化教学，只有用文化来指导旅游英语教学才能够提高学生对旅游文化的认识和理解，提升学生的中国文化意识，掌握中国文化传播的主动权，将爱国情感和民族意识有效地融入学习中。

在教材中加入中国文化板块。在旅游英语教学中加入中国文化并不是对教学内容的重

构和迁移，而是对教学内容的深化。我国高校的旅游英语教学起步晚，教材编写不够完善，能够编写专业教材的教师资源缺乏，所以，很多高校的旅游英语教材都是从国外直接引进的，这使得教材与我国教育的需要存在一定的偏差。中国文化博大精深，在世界文化结构中占有重要的地位，因而在英语旅游教材的编写中必须加入中国的文化（包括宗教、历史、文学等方面的知识），同时，还要将反映中国文化的优秀英语文章纳入教材，以提高学生利用英语表达中国文化的能力。此外，在英语口语的练习中，尽量选择一些具有中国文化背景的英语材料，锻炼学生的实践能力。在有条件的情况下，教师可以根据教学的需要自行编写讲义，来提高中国文化在旅游英语教学中的应用。

发挥教师的主导作用。在旅游英语的教学中，教师要充分发挥自身的主导作用，以学生为教学主体，加大中国文化与旅游英语之间的联系。课堂教学是旅游英语学习的主要形式，所以在旅游英语教学中教师首先要提升自身对文化内涵的认识，对教学内容进行全面的统筹和优化，在授课过程中注意层次性教学，提高知识的全面性和实用性。旅游英语教学中，教师要时刻注意自身的主导作用，将文化与英语有机结合，摒弃传统的教学模式，为学生提供充足的实践机会，培养学生对中西文化的鉴赏能力。比如，教师在讲授西方个人主义价值观时，可以将中国的集体主义价值观引入并做对比，使学生找到两者之间的联系和不同点，从而加深学生对不同文化的理解，有利于学生的跨文化国际交流。

采用多种教学方式。传统的教学方式多是以满堂灌为主，这种教学方式难以提起学生学习的兴趣，特别是旅游英语教学所涉及的知识面广，学生学习吃力，如果课堂气氛沉闷、教学方式陈旧，极容易导致教学效率降低。所以在旅游英语教学中教师需要改变传统的教学方式，在教学中引入情境教学、分组教学、案例教学等新型的教学方法，激发学生的学习兴趣，促使学生能够主动地投入学习。同时教师还要注意对学生实践能力的培养，在教学中采用模拟实验室来模拟旅游服务场景，使学生通过角色扮演来巩固旅游英语知识，通过生生之间和师生之间的互动来提高学生的实践能力。特别是对于中国文化深入教学的部分内容，教师需要通过不同场景的设置来引导学生加深对中国文化的认识，使学生能够用流利的英语为旅游者介绍我国的传统文化，以促进中西文化的交流。

综上所述，旅游英语作为中西文化交流的载体，具有非常重要的作用。但是传统的高校旅游英语教学中，在教材中和教学过程中都过于注重西方文化的输入，却忽略了中国文化的学习和输出，削弱了中国文化的软实力，使文化交流存在障碍。所以，在高校旅游英语中加入中国文化就显得十分必要。高校教师必须明确中国文化与旅游英语相结合的重要意义，并采用有效的教学手段来提高中国文化在旅游英语教学中的应用，从而促进中西文化的交流。

第四节　翻转课堂在中国文化英语教学中的运用

近年来，“翻转课堂”作为信息技术与教育科学结合的产物迅速风靡全球。本节分析翻转课堂的优势，提出将它运用于我国高校中国文化英语教学中的教学手段、教学过程和教学评价系统的具体设计操作方案，以期推动翻转课堂在中国文化英语教学中的有效应用。

随着计算机、互联网和智能手机的迅速普及，人类获取知识、信息的途径和手段越来越多样化，传统的“一张嘴 + 一支粉笔”的教学模式早已无法适应现代化教学的需求，无法满足学生的知识渴求。2012 年 3 月，教育部颁布了《教育信息化十年发展规划（2011-2020 年）》，提出了教育信息化的发展目标和行动计划，强调要推进信息技术和教学的结合，积极利用信息化技术，推动中华民族优秀传统文化的传承能力。本节从目前高校英语教学中有关中国文化内容的教学现状入手，通过分析翻转课堂的优势，探讨翻转课堂指导中国文化英语教学的具体操作方法，以期对高校中国文化英语教学的实践研究有所裨益。

一、高校中国文化英语教学的现状

早在世纪之交时，从丛先生认识到了中国英语教学中的“中国文化失语”现象，质疑“英语教学中中国文化含量几近于空白的状况”，引起我国英语教育界的普遍思考和关注。长期以来，我国的英语课堂主要集中于对英语语言本身及语言所承载的文化，即英美文化的介绍，这本是无可厚非的。但是，英语教育者和学习者都存在“顾此失彼”的倾向，主体文化缺失现象严重，母语文化知识局限，中国文化英语表达能力普遍偏低。而无论是对高校英语专业本科生培养起指导作用的《高等学校英语专业英语教学大纲》（2000）（以下简称《大纲》），还是作为各高等学校组织非英语专业本科生英语教学主要依据的《大学英语课程教学要求》（2007）（以下简称《要求》）都对大学生的中国文化英语表达水平做出了相应的要求：《大纲》指出高校英语专业学生应该“能比较流畅和准确地向外宾介绍国内的名胜古迹、我国当前的形势和政策方针”“熟悉中国文化传统，具有一定的艺术修养”；《要求》中也提出非英语专业大学生要“能翻译介绍中国国情或文化的文章”。

针对这一问题，有许多的英语研究者试图探究这一现象产生的原因，从教学大纲的设置、教材的编写、教师的引导等方面探索解决这一问题的方法。与此同时，自 2013 年 12 月起，全国大学英语四、六级考试委员会对四、六级考试的试卷结构和测试题型做出了局部调整，增加了涉及中国的历史、文化、经济、社会发展等内容的汉译英翻译题。

二、翻转课堂的优势

翻转课堂理念的形成与发展见证了信息技术与课堂教学的深度整合进程，并伴随着它在各个专业教育领域的迅速扩展而成为广泛受人青睐的一种现代化课堂教学理念。它的优势贯穿整个教学过程，教师和学生都能大获其益。

（一）教学的流程翻转有利于实现个性化教学和因材施教

传统的课堂教学通常包括课堂内知识传授和课后知识内化两个过程。教师在课堂上“一堂言”，学生被“填鸭”，师生互动少，课堂气氛死板，教师也无法根据学生的个体性差异有针对性地给予指导和辅助，最终容易造成水平较高的学生觉得不带劲、不想听，而水平较弱的学生又听不懂、吃不消。而翻转课堂教学过程中，学生在课前先通过教师事先提供的教学视频，结合课本教材，学习新知识。学生可以根据自己的实际能力和学习层次调节学习进度，选择学习内容。比如，教师可以就相同学习内容的不同层次拓展分级做成多个学习视频。基础较好的学生可以在学习掌握好基础知识后，进一步深入学习更高层次的内容。而基础较弱的学生则可以选择基础层次的内容，多巩固、多练习。这样，就真正实现了因材施教、分层教学。此外，学生还可以根据自己对新知识的接受程度，暂停、回看、跳看视频，控制课程进度，真正主导自己的学习。

因此，翻转课堂教学变传统的课内知识传授为课前学生自主学习，让学生成为自己学习的主宰者，更有利于把教师从繁重的传统课堂教学中解放出来，并能够提高学生的学习积极性和学习效率，增强能动性，挖掘更大潜力。

（二）师生的课堂角色翻转有利于促进师生互动，全面提升学生素质和能力

有了课前学生对知识的充分学习，回到教室里，教师不再需要满堂言。翻转教学使教师走下讲台，由“a sage on stage”（讲台上的圣者）变成了“a guide by side”（身边的指导者）。课堂上，学生可以根据教师要求对实验操作进行演示，对自己收集的相关资料进行展示，或者对自己存有疑问的地方进行提问。其他学生对演示过程、展示内容质疑提问，或者对他人的疑问予以讨论回答。教师可以在这个过程中“穿针引线”、查漏补缺。这样，整个课堂学习气氛轻松有趣，师生之间、生生之间互动频繁，学生团结协作、辩证批判、存疑思考、语言组织、实践操作等各方面能力都得到有效的锻炼，在课程学习的过程中全面提升综合素质。

三、翻转课堂指导高校中国文化英语教学的具体设计

（一）教学手段的设计

信息技术的发展使教学手段愈发多样化。除了运用多媒体、PPT、网络视频外，高校英语教师还可以自己根据中国文化的主题内容，多方综合和整理素材，制作相关微课视频。微课视频短小精悍，融 PPT 讲解、影视教学、在线自测等多种教学手段于一体，可以快速集中学生注意力，激发学习兴趣，刺激探究心理，顺利完成知识传递的任务。比如，自 2015 年开始，中国高等教育学会与高等教育出版社联合主办了多届中国外语微课大赛，

其中就有很多关于中国文化英语教学内容（如中国传统节日、京剧、汉字造字法、中国旅游景点的英译方法、传统服饰等的介绍）的微课视频。它们制作精良、内容丰富、教学设计合理、教学重点突出、难度适中、知识性和娱乐性结合恰当，不论是作为学生课前自主学习材料，还是课后知识复习资料，都是适宜的，受到学生和教师的普遍欢迎。学生也反馈，这种新的教学媒介让他们非常感兴趣，他们可以通过反复观看、回看等手段及时地内化吸收知识点，也便于他们集中复习学期的重点内容。

（二）教学过程的设计

根据高校英语课程的教学要求和安排，中国文化内容的介绍和讨论一般只作为课堂内容的一部分。如何合理安排高校英语课程的各项教学任务和内容，充分调动学生英语学习的积极性和创造性，有效提高学习效率，达到语言能力和文化知识共同进步的目的，这是教育者在课程开始之前就需要思考的问题。通过教学改革的实践，笔者认为，将翻转课堂理念运用于高校中国文化英语教学，可以对教学过程的准备、课前、课中和课后四个阶段进行设计。

准备阶段的设计一般是在学期开始之前或者课程开设之前，教师要对需要讲授的内容有一个整体的安排：哪些是重点、哪些是难点、哪些要详细说明、哪些可以一语带过等等。此外，教师还要对每个主题内容要采用的教学方法（如发现法、讲授法、实验法、讨论法等）进行思考和安排，整合网络或市场上已有的课本、视频、PPT、多媒体等教学资源，提前录制准备教学视频或微课视频。另外，教师还需创建一些便于学生交流的网络平台，如QQ群、微信公众号或微博等，利用现代化网络系统帮助教师在课程开始后安排学习任务，了解学生学习状态，也有利于学生在自主学习后将学习心得或疑问及时进行反馈。

课前阶段的设计包括教师通过网络平台发布学习资料、视频录像，布置学习任务。英语课堂教学内容多、任务紧，所以如果教师在上课之前将中国文化知识点的学习资料和教学视频先提供给学生，让他们做好课前自主学习，再根据所学知识布置相应的讨论或展示任务，将传统课堂课内知识传授的任务提至课前，大大提高了学习效率，也可将原来的被动学习变成主动学习，更有利于挖掘学生的潜力。在这个过程中，教师是文化的传播者，讲授中国文化知识、历史背景和文化内涵，并介绍它们的英语表达方式；学生是知识的接受者，全面学习、了解中国文化知识及其英语表达方式。

课中阶段的设计包括课堂讨论和成果展示。学生在课前已经自主学习了相关知识点的基础上，课堂上教师只需组织学生对相关知识点展开讨论、互帮互助、解答疑难；或者按照事先安排的任务听取学生的成果展示汇报。而在这个过程中，教师从传统的讲授者变为欣赏者、评价者，对学生以各种形式呈现的有关中国文化的理解进行欣赏、点评。学生则变身成文化传播的实践者，他们充分发挥自己的想象力和创造力，通过演讲、情景剧、cosplay、讨论等自己喜欢和擅长的各种形式用英语介绍和展示中国文化。

课后阶段的设计不仅包括教师对知识点教学手段和方法使用是否得当的反思，还包括教师指导督促学生对自己讨论汇报、成果展示中所呈现的语言表达是否准确的反思，鼓励学生自己安排组织有关中国文化的英语表达比赛、辩论等活动并积极参与，以及进行后续的中国文化延伸研究、中西方文化对比研究等，旨在提升学生的生活实践能力。

（三）教学评价系统的设计

被誉为“翻转课堂先驱”的美国教育研究者乔纳森·伯尔曼和亚伦·萨姆经过十多年的翻转课堂教学实践，开创了包含形成性评价、总结性评价和综合性评价的评价体系。借鉴到中国文化英语教学中，可以将学生就中国文化相关知识的成果展示、讨论汇报等课前预习和课中反馈作为形成性评价的参考指标，检查学生对中国文化相关知识及其英语表达的掌握理解程度；将学生撰写的有关中国文化的学期论文或组织、参与中国文化英语竞赛、考试等成绩作为总结性评价的参考指标，检查学生用英语表达中国文化的相关知识的内化程度；将学生学期英语语言能力和文化素养的前后变化对比，学生自评和互评课前、课中和课后表现情况作为综合性评价的指标，检查学生综合素质和能力的变化。

有多名学者认为，翻转课堂的教学模式对于文科课程来说，“实践操作性差”，适用性不大。笔者认为此观点有待商榷和实践检验。诚然，不同的学科具体不同的知识结构特点，这决定了我们教学的方式方法上有不同的选择。但是，文科课程中也有需要学生实际操作演练的内容，对于这部分的内容进行翻转课堂的尝试是未尝不可的。当然，也不是说任何学科、任何内容都适合于翻转课堂，我们一定要认真研究教学内容的特质，选择合适的教学方法，合理设计教学过程和教学评价系统，有选择地实施翻转课堂教学。

第五节　中国传统文化在英语教学方面的应用

基于多文化交流融合的背景下，中国传统文化在职业院校英语教学中的应用，成为当前英语教育发展的主要潮流，顺应了多文化交流融合的潮流。职业院校要根据当前的实际情况，做好传统文化与英语教学融会贯通工作，实现二者之间的有机结合，使中国传统文化得到更好的传承。基于此情况下，本节主要对中国传统文化在职业学院英语教学中的意义进行阐述，重点对中国传统文化在职业院校英语教学方面的应用展开全新分析和研究。

一、中国传统文化在职业院校英语教学中的意义

（一）抵挡外国文化的洗脑

在我国职业院校英语教学当中，民族意识的流失作为常见问题，同时也是职业院校较为关注的问题。尤其对于职业英语教学来讲，在语言上、思想上都发生了相应的改变。相关数据调查研究发现，英语专业学生手机存满了英文歌曲，并且各种美剧成为其生活中不可或缺的部分，由于当前这些问题所影响，学生往往忽略了传统文化的认知度。基于此情

况下，职业学院要给予当前现状足够的重视，要意识到当前问题的严峻性，大力弘扬中国传统文化，将英语教学与传统文化进行有机结合，引起学生对传统文化的重视，唤醒大家的民族意识，使中国传统文化在职业院校英语教学中得到很好的体现，以实现中华民族的伟大复兴。

（二）推崇优秀的中华传统美德

中国有着几千年的历史文化，而传统美德凝聚了中国古代劳动人民的思想精髓，包括了很多优秀的民族品质、民族礼仪等，经过了几千年岁月的洗礼，在当今社会仍然有着较高的教育价值。传统文化在职业英语教学中的有效渗透，有助于学生在教学中逐渐树立科学的价值观，帮助学生塑造良好的人格。尤其在经济全球化的背景下，英语教师要意识到传统文化的力量，同时要意识到传统文化的教育价值，真正意义上发挥传统文化在教学中的作用，激发职业学院学生的爱国主义情怀，推崇中国传统美德。

二、中国传统文化在职业院校英语教学中的应用

（一）丰富教材内容的选编

目前，职业院校所使用教材为自编教材，该教材主要针对学生英语考级而设定，并没有过多的涉及文化教育内容，尽管教材中涉及了西方国家文化，但中国传统文化方面的内容涉及不多，这对弘扬中国传统文化极为不利。基于当前这种情况，职业院校在进行英语教学时，要根据自身教学的实际情况，将传统文化纳入课程和教材体系，适当地增加中国传统文化的比例。在编写职业院校英语教材的过程中，尽可能地纳入以传统文化为背景知识的听力、阅读等内容。为了保证教材内容得到极大的丰富，可以将传统文化素材作为其补充内容。例如，英语教师在讲解关于外国节日相关内容时，英语教师可以将中国传统风俗进行适当的渗透，让学生了解更多关于中国传统节日的文化，实现传统文化与职英语教学的有机结合，以此来更好地传承中国优秀的传统文化。

（二）提高英语教师的传统文化素养

在职业院校英语教学过程中，英语教师作为教学的组织者和促进者，英语教师传统文化素质的高低，直接影响传统文化的传承，同时教师也肩负着传承传统文化的重任。英语教师要想实现职业英语教学活动与传统文化的融合，则必须提高英语教师的传统文化素质，最大限度地发挥英语教师在职业英语教学中的作用，这对英语教师提出了更高的要求。基于此情况，教师在开展英语教学活动时，要深入学习传统文化的精髓，注重将其渗透到职业英语教学中，使其与英语进行融会贯通。只有英语教师传统文化素质得到了有效的提升，才能够更好地向学生传播中国优秀的传统文化，使学生更好地掌握和了解中华优秀的文化。

（三）探索课外传播新形式，积极开展第二课堂

相关数据调查显示，职业院校学生英语基础较为薄弱，其整体水平远远低于高校学生

的英语水平。而英语课堂教学时间往往具有一定的限制，难以满足传统文化教学的需要。基于此，英语教师要根据当前英语教学的实际情况，积极探索出课外传播新形势，努力开展第二课堂，以此来弥补课堂教学时间有限等问题。例如，英语教师可充分利用微时代的优势，开设微信公众号，为学生推送中国版的成语及谚语等，为学生提供更多学习的时间，使得学生更好地进行学习。除此之外，职业院校还可以组织各种技能大赛，为学生创造更多自我展示的平台。由于学生具有争强好胜的心理，英语教师在开展课堂教学时，要注重利用好学生当前这一心理，组织英语诗歌朗诵赛，将中国传统诗歌用英语进行朗诵出来，不但有助于实现传统文化与英语教学的融合，而且还有助于增强学生的兴趣，使得学生愿意花费更多时间进行英语学习，进而促进英语教学工作顺利开展。

综上所述，英语作为职业院校的重要学科，对提升学生的英语水平具有重要的意义。而传统文化在英语教学中的应用，实现了英语教学的新突破，实现了传统文化与英语教学的有机结合，不断丰富英语语言交流形式，增强学生的民族荣誉感，培养学生的爱国主义情感。因此，英语教师要给予传统文化足够的重视，要意识到传统文化在教学中的作用，提高学生的跨文化能力，增强学生的传统文化素养，进而达到职业学院英语教学的目标。

第六节　英语教学对中国茶文化传播的作用

本节分析英语教学传播中国“茶”与“文化”的可行性，探讨英语教学传播中国“茶”与“文化”需要注意的问题，最后阐述英语教学对中国“茶”与“文化”传播的重要作用。

茶叶最早出现在古代中国，中国人热爱茶叶，更赋予了茶叶文化内涵，因此衍生出茶文化传统。早在唐代之前，茶叶就成了统治阶级专享的奢侈品，到了宋朝，随着茶叶种植范围的扩大，茶叶产量也有了大幅度提高，茶叶成为寻常百姓的日用品。从古至今，我国的茶文化内容越来越丰富，成了我国传统文化中的一块瑰宝，茶文化也对西方国家产生了深远的影响，在茶叶传播到英国的时候，曾经掀起了一阵饮茶热潮，英国人被茶叶入口涩、回味甘的口感所吸引，同时受益于茶叶中丰富的营养，如今，英国的人均茶叶消耗量甚至超越了我国。然而，与茶叶在英国大受欢迎相比，茶文化在英国的影响较小，在英语词汇中，有关茶文化的专有名词也实属罕见，因此，在日常英语教学过程中，教师应该注重培养学生的茶文化知识，将中国的茶与茶文化充分融入英语教育，一方面，是丰富英语课堂。另一方面，也可以通过这种方式，将灿烂的茶文化传播出去。总而言之，茶文化与英语的碰撞是一场中西合璧的饕餮盛宴，学生只有真正理解了中国的茶文化，才能更好地将其融入英语中。

一、英语教学传播中国“茶”与“文化”的可行性分析

将“茶”与“文化”融入英语教学过程中，应用英语教学的方式将中国“茶”与“文化”传播出去在以下三个角度都具备可行性：

英语教学与中国“茶”与“文化”的模块契合点。在传统的英语教学过程中，文化教学部分所占的比例非常小，英语教学重点在于教授学生英语单词和基本语法，忽视情感态度的渗透，然而，经过多年的英语教学实践，已经形成了相对成熟的教学模块，如在讲授单词和语法时，往往是依托一段文章，如果将传统的文章替换为具有中国茶文化的文章，则可以在讲授英语知识的同时，培养学生的茶文化意识。因此，如果推翻现有的英语教学模式，集中进行中国“茶”与“文化”的教育是不切实际的，也是枯燥单调的，结合英语教学模块，实现中国“茶”“文化”与英语教育的有机结合，以专项的形式传播中国灿烂的茶文化是切实可行的，也可以通过这种方式，激发学生的学习兴趣。

英语教学与中国“茶”与“文化”的测评契合点。在英语教学实践过程中，往往会针对学生的学习情况进行阶段性或总结性评价，即我们常说的考试，从考试成绩上可以反馈学生的学习情况和对知识点的理解程度，学生也可以通过成绩测试调整自己的学习状态，总结学习经验。基于这种测评模式，将中国“茶”与“文化”融入英语教学，可以提高学生对中国茶文化的重视程度，可以更好地感悟中国茶历史，培养学生学习兴趣，拓展学生学习视野。当然，中西结合的创新英语教学不能完全遵循以往的测评，还要根据中国茶文化特点创新测评方式方法，从多种角度促进中国“茶”与“文化”的广泛传播。

英语教学与中国“茶”与“文化”的教师能力契合点。目前，在中国任教英语的教师不仅有地道的中国人，还有外国教师，将中国“茶”与“文化”融入英语教学，无论对中国教师还是对外国教师而言都是个不小的挑战。中国教师受中国本地茶文化的熏陶，可以较好地理解茶文化的内涵，然而缺乏与英语联系的基础和环境，对于外国教师而言，英语的词汇量与语法诚然不是难题，但由于他们缺乏相应的中国茶文化熏陶，因此很难理解中国博大精深的茶道精神，中国“茶”与“文化”与英语教学的结合，无疑给中外英语教师施加了大量的备课压力，然而，这也不是不可实现的，中外英语教师可以充分发挥自身的语言、文化内涵优势，强强联手，共同打造良好的英语教育与中国“茶”“文化”有机结合新模式。

二、英语教学传播中国“茶”与“文化”需要注意的问题

基于英语教学传播中国“茶”与“文化”的可行性，英语教学与中国“茶”与“文化”的模块、测评、教师能力三大契合点，我们可以对中西文化结合做出进一步的深入探讨，在分析英语教学对中国“茶”与“文化”的传播作用时，要注意厘清“茶”与“文化”传播的知识边界，注意提升英语授课教师的知识储备和专业素养，优化完善英语教育的教学

评价形式。

厘清中国“茶”与“文化”传播的知识边界。本节探讨的是英语教学对中国“茶”与“文化”传播带来的作用，因此，在英语教学过程中，要侧重于传播茶文化，要以英语为语言介质，促使茶文化“走出去”，凸显出茶文化的精髓和特征。从这一角度来说，我们要厘清“茶”与“文化”传播的知识边界，这种茶文化根植于我国的风土人情和伦理社会，蕴含着中国人长久不变的中庸思想，体现出中国人宁静致远、知足常乐的心绪。所以，从这一知识边界可以看出，英语教学要明确中外之间的文化差异，要明确中国茶文化的发生背景，要渗透中国茶文化的内涵精髓，以中国历史文化为主线条，可以说，这种模式的中西结合，可以突破学生的理解障碍，也能够起到弥补学生学习短板的作用。

提升英语授课教师的知识储备和专业素养。在教授英语、传播中国“茶”与“文化”的过程中，教师起着重要作用，只有教师具有丰富的知识储备，才能实现中国茶文化借助英语传播。实际上，部分英语教师缺乏必备的专业素养，仅仅是对英语感兴趣，却不能清晰地了解英语语言背后蕴含的文化，也不能将英语与中国茶文化有机结合起来，这对于中西合璧的茶文化传播工程来说是远远不够的，因此，教师一定要发挥学习能动性，要在业务上不断钻精，一方面扩充自身的英语知识和英语教学技能；另一方面，深化对我国传统茶文化的理解，并将茶文化的意境、内涵通过英语语种表达出来，传播到西方国家、传播到世界去，使中国灿烂的茶文化声名远扬，影响到全世界热爱茶和热爱文化的人民。总而言之，英语教学对中国“茶”与“文化”的传播在很大程度上取决于英语教师的专业素养和知识储备，教师必须积极发挥自己主观能动性，将中国“茶”与“文化”融入日常英语教学中，形成浓厚的业务学习氛围，组建一种新的文化传播方式。

优化完善英语教育的教学评价形式。英语教学的最后环节，是对学生学习成果的测评，通过测评激励学生的学习积极性，要想借助英语的方式将中国“茶”和“文化”传播出去，就要通过教学评价形式加强对茶文化学习的重视程度，在中西结合的学习背景下，学校可以以一种新颖的教学评价形式来评价英语学习。例如，学校可以模拟茶道文化中的技艺表演来检测学生的英语口语和语法应用，通过这种测评方式，不仅提高了英语教学效率，同时将知识与实际动手能力结合起来，增强了茶文化英语教学的实用性，进一步促进了中国茶文化的传播。

三、英语教学对中国“茶”与“文化”传播的重要作用

英语教学与中国“茶”“文化”具有契合点，因此二者的结合是可行的。同时，要在应用英语教学传播中国茶文化的过程中注意知识边界、提升教师专业素养、更新测评形式等重要问题。英语教学对中国“茶”与“文化”的传播具有重要作用，可以培养学生英语学习兴趣、增进学生知识修养、促进茶文化对外传播。

培育学生对英语学习的兴趣。在英语教学中传播中国的“茶”与“文化”，是以我国

的文化传统为中心进行的主题教学，中国的茶叶从古代就被带到欧洲国家，茶叶成为欧洲贵族的日用品，茶叶成为我们中国人引以为豪的土特产，英语教学过程中，教师可以充分发动学生的民族自豪感，激发学生英语学习的兴趣，使学生在文化自信的基础上学习英语，通过开展茶文化教学，促进学生的全面成长，进而增强学生的学习参与度。除此之外，中国文化与英语的结合，也可以加深学生对英语的理解，培养起学生的发散思维，增强学生的国际视野，让学生将传播中国茶文化作为已任，积极对外传播中国“茶”与“文化”。

增进学生国别文化知识修养。英语教学与中国茶文化相结合，可以增进学生对于国别文化的区分与辨识，帮助他们更好地适应全球化、国际化的时代形式，也能够通过自身知识掌握特点更好地适应国家对人才的需求。因此，英语教学对中国“茶”与“文化”的传播作用还体现在为国家培养了继承传统茶文化的国际性人才，这也是弥补英语教学单向发展的缺憾和短板的重要措施。

促进茶文化的对外传播。英语教学对中国“茶”与“文化”的传播作用最后体现在促进茶文化的对外传播上，外国人对中国茶叶并不陌生，但对中国的茶文化却知之甚少，很大的症结在于语言上的障碍，没人去做这样一项工作，深奥的茶文化难以用简单的英语去表述，要想精准地将中国茶文化翻译成英文，翻译者必须要站在两国的文化背景下进行措辞，以达到翻译领域内“信、达、雅”的水平。总而言之，语言是一门工具，英语这个工具，将中国的“茶”与“文化”传播到世界各地也是未来的发展趋势。

综上所述，英语教学传播中国“茶”与“文化”在模块、测评、教师能力三方面具备契合点，因此，英语与中国茶文化的结合是可行的，也是必然的，为了更好地促进二者的有机结合，必须注意厘清中国“茶”与“文化”传播的知识边界、提升英语授课教师的知识储备和专业素养、优化完善英语教育的教学评价形式三个问题。可以看出来，英语教学对中国“茶”与“文化”传播具有培育学生对英语学习的兴趣、增进学生国别文化知识修养、促进茶文化的对外传播等重要作用。

第五章　大学英语教学与中国文化失语的现象研究

第一节　大学英语教学中中国文化失语问题

随着经济的全球化发展，我国与不同国家之间的经济交流与合作日益频繁，跨文化交际高速发展起来。英语作为跨文化交际过程中的重要工具，其重要性不言而喻。大学英语教学是培养学生跨文化交际能力的摇篮，在现如今的大学英语教学中，教师与高校都致力于教学的进一步改革，但是受多方面因素的影响，大学英语教学出现了严重的中国文化失语问题。基于此，本节将展开基于该问题的研究，旨在为大学生跨文化交际能力的全面提升奠定基础。

在大学英语教学的过程中，中国文化失语问题会对学生的跨文化交际产生负面影响，同时也不利于提升学生的中国文化素养。虽然很多教师都开始致力于在英语教学的过程中融入中国文化，但是受外界因素的影响导致实际效果并不理想。如何有效解决英语教学过程中存在的中国文化失语问题已经成为现阶段大学教师重点研究的课题。

一、大学生的中国文化失语现象

目前，很多大学生的英语程度都很高，能够站在外国人的角度与外国友人进行无障碍交流，但是在交流过程中，并不能够站在中国人的角度与外国友人更多地交流中国文化。比如，很多学生都可以用英文流利地与外国友人讨论英美当地的风土人情、文学作品、影视作品、饮食习惯等，但是在对中国传统文化（比如传统节日、传统美食、传统服饰、地域性文化等）进行讨论与交流的过程中，却出现了词穷的情况，不知道怎么去表达，往往出现力不从心甚至是无法表达的情况，导致“中国文化失语”问题的出现。

二、大学英语教学中文化失语问题的成因

（一）教材内容缺少中国文化的渗透

在当前的大学英语教学过程中，多数内容还是以英美国家本土文化为主，对我国本土

文化的内容和资源的融入是非常少的。近些年，虽然我国教育部门致力于对大学英语教材进行适当改革，但是本土文化内容的丰富性、多元性、新颖性等方面并没有满足学生的实际发展需求，在内容的设计上依然是以西方的民俗生活、宗教信仰以及文化特色为基础，对中国文化的介绍非常少，且对中西方文化进行对比的内容也非常少。比如浙大版大学英语教材中，中国文化相关内容仅仅占比 3%，外研社新视野大学英语精读教材中中国文化相关内容的占比仅为 2.5%。

（二）教学方法方面的问题

英语课堂是一门相对枯燥的课堂，很多学生从初高中开始就不喜欢英语的学习。在大学英语教学过程中，多数学生的自觉性是非常高的，课堂氛围较好，但是在良好的课堂氛围下，教师所使用的教学方法却没有发挥有效的作用。现阶段，很多教师所使用的教学方法都是较为单一的、传统的，单方面地灌输知识，学生被动接受知识。虽然很多高校都开始致力于多媒体教学改革，但是实际上受到软硬件方面的影响，多媒体教学方式并没有发挥应有的效用。此外，多数教师都致力于知识的讲述，但是忽略了教学方法的研究与使用，单一的教学方式很容易让学生产生“抗体”，进而对英语失去了兴趣。在这样的背景下，要想加强我国本土文化教学内容并产生一定的教学效果是很难的，且容易导致学生在交际的过程中出现“失语”的情况。

（三）考评模式过于单调

纵观我国教育体制内的英语考评模式，包括中高考、专业英语四级和八级、非专业英语四级和六级、职称外语等，都是以考试的模式来对学生的综合能力进行测试，且考试的内容都是以语法、词汇量、文章结构等作为考评的指标。这也就导致学生在学习的过程中仅仅为了应付考试而学习，没有将知识内化，且考试的内容也更多地以英美文化为主，对中国文化的考评内容非常少。这样的方式直接导致了学生不重视英语能力的训练与应用，就更不要说母语文化在英语交际过程中的应用了。

（四）教师本身的影响

教师本身的专业水平、文化素养等都对英语教学效果、中国文化传播等方面有着直接的影响，教师在整个教学过程中承担着语言教学、文化传播等多重任务，其母语文化理念、素养等直接影响教学效果。在现阶段的大学英语教学过程中，教师都是硕士及以上的学历，其具备丰富的英语专业知识，但是多数英语教师的中国传统文化能力和意识都是较为薄弱的，甚至一些英语教师对中国传统文化的了解非常少，知识储备量有限，这成为其教学过程中的短板问题。此外，在教学过程中，多数教师也会“扬长避短”，更多地传授英美文化知识，忽略中国传统文化知识的传播，导致学生“文化失语”的情况出现。

三、英语教学中融入中国文化的意义

（一）重要保障

语言是一项重要的工具，对文化传承和传播发挥了重要的作用。语言与文化相互依托、相辅相成，只有借助语言的力量，文化才能得以推广与传播，所以学习西方文化在英语教学中是极为重要的。在教学中，领会中、英文化之间的异同可以增强对二者之间的共性了解，并有利于英语的学习。在学习英语时，学生可以利用自己对中国文化的理解来促进对英语的理解，促使学习的正向迁变强，进而增强交际技能。

（二）培养国际文化交流能力的需要

从改革开放起的近半个世纪以来，英语在国内越来越受到重视，而且对于大众的思想、行为产生了深远的影响。很多人学习英文的时候，也在潜移默化中受到西方文化的渗透，尤其是以大学生为主体的年轻人，吹捧西方文化，价值观和消费观都深受西方思想影响，热衷西方的一切，对拥有几千年历史的中国文化没有任何兴趣，以批判的观点看待母语文化。无论是国际交流还是跨文化交流，都是两种文化的相互碰撞，都是一种双向的过程，交际双方应该对另一方的文化有所了解，同时真正做到尊重和支持。只有建立在尊重和理解基础上的交流，才是良性的。另外，在把汉语文化加入英语学习之中，可以加深学生对母语文化的了解，形成与西方文化的对比，发现异同，促使跨文化能力不断增强。但是如果学习的过程中单纯关注西方文化，忽视母语文化的学习，势必造成学生在使用英语时表达不出中国文化，或者出现表达失误，那么必然造成跨文化交际受阻。基于此，在学习英文的时候，增加有关中国文化的内容是很有必要的，也是平等、互利的跨文化的要求。

（三）继承和传播中国文化的要求

学习英语的最终目的不是单纯了解英文知识，吸收借鉴英国文化，而是希望通过借助英文的学习传播中华优秀文化，借助英语这门工具，让更多的人知晓中国文化的精髓，让世界听到中国的声音。用英语表达中国文化的能力要求，不仅在于跨国交流中能够正确表达中国文化，还要能够积极向世界推广、传播中国文化。因此在大学授课时，不仅要关注西方文化的学习，同时也要不断提升对中国文化的认知，进而能借助英文这个语言工具传播优秀的中华文化。很长一段时期以来，西方文化的教学一直占主导地位，学生在表达英语文化时比较流畅，而在表达中国文化时则会产生语言障碍。原因有二：一是除中文系和历史系外，对中国文化了解不多；二是了解中国文化，但不会用英语正确表达。这就导致中国文化的推广遇到很大的阻碍。面对当下母语文化缺失的状况，在英文教学时，也应该恰如其分地融入中国文化的内容，传播中华文化思想，增强学生的文化自信心，引导学生关注中华优秀的传统文化，杜绝崇洋媚外。除此之外，在进行英文教学的过程当中，也应该培养学生运用英语表达的技能，让学生在了解中国文化的基础上，借助英文这门语言，将文化传播到世界各地，进而让更多的人了解中国，向世界展示优秀的中国，为让世界了解中国做出贡献。

四、解决中国文化失语问题的几点建议

（一）在教材中融入更多中国文化元素

我国教育部门应当不断对现行的英语教材进行改革，在保证英美文化教学内容质量的基础上融入更多中国传统文化，将中国传统文化渗透到英语的阅读、口语、听力以及翻译等教学活动中，让学生接触到更多的中国文化，提升其跨文化交际能力，避免"失语"的情况产生。在实际情况中，教材的编撰部门需要对教材的比例进行适当调整，提升中国文化题材相关内容的占比。比如，在阅读类教材中融入中国传统文化相关的优秀译文，包括经典的著作、现代化生活用语、网络文化用语等，让学生能够接触到更多中国文化内容相关的英语学习内容。在听说类教材中融入中国文化语境为背景的英语材料内容，让学生能够有更多的机会多听多说多练，提升其用英语表达中国文化的能力。在教材内容的选择上，教师可以借助互联网更多地搜集相关教学资源，如 CCTV-9、英文 FM 电台、中国日报、北京周刊等以英文以及我国传统文化的英文表达形式为载体的内容。

（二）改革英语教学方法

在教学方法上，教师应当积极进行改革，以改善学生"中国文化失语"的现状。比如，对现有的教学方法进行适当改良，在教学的过程中积极挖掘与中国本土文化有关的主题内容，包括中国的名胜古迹、饮食文化、传统节日、民间习俗等，教师可以鼓励学生根据自己的兴趣点，在课堂的前五分钟准备一个小型的演讲，可以自行附带图片、视频等 PPT 课件。通过这样的方式，学生能够在搜集相关资料的过程中提升自身对中国文化的英文表达方式的进一步理解，扩大自身的词汇量、提升自身的自学能力，对后续的跨文化交际过程中有效传播中国文化有着非常积极的作用。

此外，高校也需要创新英语教学模式，让学生有更多的机会去锻炼。比如，增设第二课堂活动，为学生提供更多的渠道去学习中国文化相关的英语知识。鼓励学生在英语课堂之外进行中国文化相关的阅读、观看戏剧表演、观看英文版古诗词朗诵、观看 BBC 系列纪录片之"美丽中国"，通过上述方式来加强对中国文化的了解，并站在外国友人的角度来看待中国文化，站在本土文化角度来向世界宣传和弘扬中国文化。此外，高校也可以酌情开设中国文化相关的英文选修课或是中文选修课，让中国文化能够覆盖整个大学校园从而，营造良好的学习氛围。

（三）改革考评模式

面对当前考评模式的不尽合理，需要高校加强考评模式的进一步改革。在改革的过程中，设置合理的课程体系是前提，如果没有合理的课程体系，那么考评模式也就无法发挥

自身的指导性作用。因此，高校需要先进行课程体系的改革，然后针对课程的特点来改进考评模式。为了更好地实现教学目标，英语课程中应当要将与中国传统文化相关的课程作为必修与选修的内容，包括历史、艺术、社会习俗、宗教与哲学等方面，并开设中西方文化对比相关课程，让学生在充分认识中国文化精髓的同时也能够利用英语文化来将母语发扬光大。

在课程合理设置的基础上，就需要针对各种课程的特点来进行考评模式的改革。由于增设了中国文化相关的英语课程和内容，那么在考评的过程中就需要采取多元化的考评模式，除了在考试内容中加大中国文化相关的内容比例之外，还应当做好阶段式或过程式考评。比如，在日常教学过程中对学生进行周考、月考等，考评的内容以综合表现为主，这样可以方便教师了解学生“失语”的主要原因，以便后续进行针对性教学。同时也方便学生了解自身“失语”的症结所在，以便展开针对性的训练与学习。

（四）加强教师本身的“母语意识”

教师本身的“母语意识”对学生“中国文化失语”的情况有着直接的影响，加强教师本身的“母语意识”，能够在潜移默化中改善学生“失语”的情况。大学英语教师作为教学活动的组织者、文化的传播者，应当具备更加深厚的文化知识储备，这样才能够在教学过程中将跨文化意识更加强烈地传递给学生。因此，在实际情况中，可以通过以下方式来提高教师自身的综合文化素养：第一，高校鼓励教师积极进行中国传统文化、经典文化的阅读，不断提升自身的中国文化意识，在日常教学过程中加强跨文化交际的输出，并将中国文化输入融入英语教学体系中去，促使其在教学的过程中有意识地传播中国文化。第二，教师要借助互联网的优势来不断提升自身的“母语意识”，掌握跨文化交际的经验，在英语教学和交际的过程中正确对待母语文化，并将这种意识适当传递给学生，让学生在使用英语交流的过程中能够充分尊重本土文化，避免交际中出现“失语”的情况。第三，高校需要定期派遣教师到先进的单位进修，学习当下先进的教学理念，并与校园文化、网络文化、传统文化等有机结合，逐渐建立基于中国文化的英语教学体系。

在当前的大学英语教学过程中，“中国文化失语”的情况是学生的普遍表现，很多学生虽然具备一定的英语知识，但不能够开口表达，语言方面存在较大障碍。基于此，高校以及英语教师要积极总结导致“中国文化失语”情况的原因，并在此基础上通过不断的改革与创新来加强中国文化的英语表达，为学生提供更多表达本土文化的机会，提高其跨文化交际能力。

第二节　大学英语翻译教学中中国文化失语

文化教学是大学英语翻译教学中不可或缺的一部分。在传统的翻译课堂上，教师非常重视英美文化的输入，对中国文化的英文表达却不够重视，因此导致“中国文化失语”的现象，在四、六级考试段落翻译部分中的答题情况凸显出这个问题的严重性。随着国家“走出去”文化战略方针的实施，中国文化在大学英语翻译课堂教学中渗透的重要性不言而喻。

2013 年 12 月，大学英语四、六级考试改革对考生的英语水平提出了更高的要求和更大的挑战。其中，翻译部分将以往的 5 个单句汉译英填空的形式调整为 150 ~ 200 字的汉译英段落翻译，翻译内容涉及中国的历史、文化、经济、社会发展等，蕴含了丰富的中国元素，难度明显增大。翻译部分考核内容的调整体现出国家“迎进来”转为“走出去”的文化新战略，凸显了中国文化的重要性，希望大学生能担当起中国文化“走出去”的重任。但事与愿违的是，每次四、六级考试中的翻译部分，尤其是在翻译一些极具中国特色的专有名词时，总会出现一些令人啼笑皆非的“神翻译”。由此可见，大学生在需要用英语介绍、解释中国的一些文化现象与内涵时，心有余而力不足，语言能力十分欠缺。

一、大学英语翻译教学中中国文化学习的重要性

文化是一个复杂抽象的概念，包括与衣食住行相关的物质文化和与意识形态相关的精神文化。无论是哪一个民族，无论是民族的物质文化还是精神文化，都需要语言作为载体，将一个民族特有的传统文化、价值取向、思维方式等进行传承和交流。语言是文化交流传播的重要方式之一，文化与语言息息相关、相互渗透。文化的形成、发展和传播要以语言的发展为依托，同时文化的发展也促进了语言发展，丰富了语言的内涵。

我们应当用全面发展的眼光去看待大学英语翻译教学，不能片面地强调翻译理论、翻译技巧、西方文化等方面的教学，而忽视了翻译教学的最终目的——如何帮助学生更好地利用语言去诠释、传播文化，而这里所说的文化不仅仅包括外来文化，更重要的是我们的母语文化——中国文化。有了中国文化这块厚重的基石，才能更好地理解、吸收外来文化，传播弘扬中国优秀传统文化，树立文化自信，从而促进民族间、文化间的交流。束定芳教授认为母语文化在教学中的重要作用是显而易见的：“一是作为与外族文化进行对比的工具，更深刻地解释外族文化的一些主要特征，从而也加深对民族文化本质特征更深入的了解；二是对学生本民族文化心理的调节，培育学生对外族文化和外语学习的积极态度，从而调动学生学习外语和外族文化的积极性，增强他们的学习机会。”其实，在交际过程中，中国文化的学习并不会成为英语语言的学习障碍，反而会起到积极的作用。中国文化的掌握和学习是学生学习任何一门外语的基础和前提。交际双方中的任何一方若是在中国文化和外来语文化背景上存在缺失，都会使语言变得苍白无力、黯然失色，甚至无法进行正常的沟通和交流。

二、大学英语翻译教学“中国文化失语”现象严重

“中国文化失语”这一概念最早是由南京大学的从丛教授提出的。从丛教授发现，国

内许多具有相当英文程度的学者，在与外国学者谈论中国的文学艺术、传统习俗、哲学宗教等文化方面的内容时，大都存在着文化底蕴不足的现象。他们无法将中国文化的一些本质和真谛如数家珍、娓娓道来，甚至在谈论一些最简单的文化现象时，都会卡壳，“始终显示不出来自古文化的学者所应具有的深厚文化素养和独立的文化人格”。

传统的大学英语翻译教学中，尤其是在大学英语四、六级翻译题型改革之前，“中国文化失语”现象是比较严重的。一方面，大部分的教材和教师的思想意识、上课模式都明显偏向于英美文化的输入，教师和学生的关注点几乎都聚焦在英美国家的社会习俗、文学作品、社交礼仪等方面，学生对于西方节日、食物、谚语等方面较为了解。而对于中国传统文化的输出学习，可以说接近于空白状态。另一方面，一些学生认为自己一直在中国生活，从一出生就和中文打交道，自认为可以很好地驾驭中文，并且深谙中国文化，因此重视度不够、目的性不强，学习积极性也不高。事实上，在翻译教学中，学生在完成英译汉练习时，汉语组织能力并不尽如人意；做中国文化的汉译英练习时，对于一些中国传统文化的了解或是一知半解或是一无所知，难以将那些看似熟悉的汉字所表达的深刻的文化内涵和思想文化精髓用英语准确地表达出来，如“金兰之交”“弄瓦之喜”“抓周”等，因此，关于中国文化或交际文化部分的深层次的英语表达一直都是学生的软肋。

三、大学英语翻译教学“中国文化失语”现象应对策略

要改变目前大学英语翻译教学中“中国文化失语”这种令人担忧的现状，大学英语教学界必须自上而下地引起重视并采取相应的措施。

（一）大学翻译教学大纲的指导作用

早在 2009 年，罗选民教授就提出“大学翻译教学缺乏整体的计划设计，专业翻译教学有一个全国的教学大纲，而大学翻译教学却没有”。大学翻译教学的教学大纲作为大学翻译教学的指挥棒，对于教学内容、教学重点、教学难点和教学方法都有着指导性的意义。“教育部高等教育司颁布的《大学英语课程要求》要求提高大学生综合文化素养，包括能翻译反映中国国情或文化的介绍性文章。”一直以来，由于教学大纲对大学中国文化翻译教学和学生在这方面的翻译能力培养重视度不够，对教学目标及要求尚未有较为详细的描述和界定，导致教与学都存在着误区和盲区。没有教学大纲的指引，教师的授课重点和学生的学习重点只是停留在基于语法规则的词汇和句子翻译，以及了解英美国家的社会文化，导致了英美文化的中文输入大大超过了中国文化的英文输出。

随着国家文化战略方针的调整以及大学英语改革的深入，大学外语教学界逐渐意识到大学生翻译能力培养中中国文化翻译的重要性和迫切性，将四级翻译题所占分值由之前的 5% 提高到现在的 15%，与作文所占的比重一样。而且题目的内容包括与中国社会、经济等方面密切相关的热点话题和具有中国特色的历史、地理、文化等话题。大学英语四、六级翻译题型的改革一定程度上反映出教学大纲这根指挥棒的文化导向，同时也对大学英语

翻译教学产生了不同程度的反拨作用。因此，我们必须意识到大学英语翻译教学中国文化英文输出的重要性和必要性，通过教学大纲的指导，对翻译教学和中国文化教学给予足够的重视和关注。

（二）大学翻译教材的辅助作用

教材是教学之本，是承载知识的载体，是我国大学生学习英语、了解英语文化的重要途径之一。之前由于过度关注英美文化的输入，迫切地想让学生能够翻译出地道的英文，鼓励学生多阅读原版文章，因此各大出版社编写教材时，都会选取国外作者所写的文章，几乎不会出现涉及中国文化的内容，学生们在课上接触到中国文化的机会则少之又少。这也是导致中国文化在英语翻译教学中缺失的一个原因。

“据统计，2015 年之前出版的大学英语教材，内容大多是原汁原味的国外原版资料，如《新编大学英语》(第三版 2012 年) 和《新标准大学英语教材》(第一版 2012 年)”。虽然在大学英语四、六级改革后，一些教材的课文依旧还是选取英美作者写的原版文章，只是在课后翻译练习题中加入了与中国传统文化以及时政方面相关的内容，这是教材编写的一个改革、一个进步，让学生在教材的辅助下，了解西方文化，学习地道英语的同时，也逐渐对中国文化的英语表达有所了解。但仅仅是每一个单元三五句话的翻译练习是远远不够的，还可以借助 China Daily，BBC 等国内外的权威新闻媒体所编写制作的一些新闻节目，或是国内外的一些翻译大家和汉学家对中国文学作品的译本作为听力或者阅读的课文，这些都是教材编写可以选取的极好素材。

（三）教师的引导作用

在大学英语翻译课堂上，学生需要教师的引领和指导。教师专业素养和文化素养的高低都制约和影响着这门课程的有效教学质量。

要充当好引导者的角色，教师首先必须提高自身的语言素养和文化素养。翻译课堂上，教师需要对学生所做的翻译练习中的语法、语言错误进行纠正，提高学生的语言能力，但翻译教学不仅仅是语言知识的问题，还会涉及语言背后的文化部分。教师只有有意识地、不断地提高自身的语言、文化素养，才能帮助学生更好地掌握一门语言，更好地了解语言背后的文化现象，从而促进教学质量的提高。

其次，教师要帮助学生树立正确的文化观，促使学生在学习、接受外国文化的同时，传承和发扬中国文化。董宵云指出：“教师不仅向学生传授西方文化，而且要引导他们深入了解中国文化；两种文化相遇，只有区别，没有优劣；尽量去理解、容忍、接纳对方，而不是排斥、敌视、污蔑对方。”教师在课上或课后可通过布置不同形式的练习，帮助学生积累具有中国特色文化的英语表达，培养学生对中国传统文化英译的兴趣，提升其学习的积极性。

随着经济全球化的发展，“一带一路”战略的实施，使得我国与世界各国的文化交流日趋频繁，越来越多的外国人渴望了解中国和中国文化。在这样一个良好的契机下，我们更应该努力坚定自己的文化自信，提升我国文化的国际影响力，努力改善和解决“中国文化失语症”现象。要想从根本上解决这个问题，我们应该引导学生在学习外来文化的同时，加强中国文化的学习，培养民族自豪感，这样才可以改变西方外来文化学习一边倒的现状，优秀的中国文化才会得以传承和弘扬，并且得以走向世界，实现中华民族的伟大复兴。

第三节　文化生态学与英语教学中的中国文化失语症

在对大学英语教学过程中部分非英语专业本科生关于中国本土文化表达进行调查的基础上，本节提出在当前多元文化背景下大学英语教学中存在本土文化缺失的问题，由此导致了学生的“中国文化失语症”。笔者从文化生态学角度阐释了“中国文化失语症”的现状及其不良影响，并进一步探究本土文化失语的对策，以丰富大学英语教学改革的内涵，提高学生的双语文化能力和跨文化交际能力。

一、“中国文化失语症”的文化生态学阐释

文化生态学是一门将生态学的方法运用于文化学研究的新兴交叉学科，是研究文化的存在和周围生态环境之间相互作用及规律的科学，旨在提醒人们以健康的心态对待不同的文化，尽量保持语言与文化的多样性和多种语言文化的和谐共处。中国文化失语症主要是指，我国一些英语学习者，即便是拥有了很高的英语专业等级，也还是不能用英语知识来表达中国的文化，出现了语言失衡的现象，这种现象的出现反映出我国文化英语表达教育方面存在的问题，如果中国文化长期处于被忽略的状态，将失去其生命力，造成文化断裂，我国的传统文化将很难传承下去。

我国学者在20世纪90年代引用“失语症”（aphasia）这一医学术语，来形容学生对中国本土文化“失语”的现象。在各种因素的综合影响下，“中国文化失语症”的现象普遍存在于大学英语教学中，导致大学生对中国文化的认同感减弱，本土文化的英语表达能力差强人意。根据文化生态系统多元性、平衡性和动态性的特征，大学英语教学这一多元文化生态系统中的各文化因子之间应和谐共生以至于平衡，强调系统的动态更新以求持续发展。文化生态学的出现不仅能为我们在大学英语教学中开展文化教育提供科学的理论指导，还有助于促进大学英语教学中开展目的语和母语文化对比教学，为缓解学生的“中国文化失语症”提供了思路。

大学英语教学不仅是语言教学，更是文化教学。目前，我国的外语教学倡导摆脱传统的语法、词汇等语言教学，深入开展文化教育。改革后的大学英语课程教学要求中明确指出：“大学英语教学的目标是培养学生英语综合运用能力，同时增强其自主学习能力、提高综合文化素养，以适应我国经济发展和国际交流的需要。”在实际教学中却侧重介绍英

语国家的文化习俗和人文风情，较少涉及博大精深的中国传统文化，更不用说学生对中国文化的英语表达能力的缺失，“中国文化失语症”的现象普遍存在。这种现状使得中国传统文化向外输出时不能突出其文化资源优势，更使得输出者在跨文化交际过程中屡遭文化冲击。

另外，在英语教育教学过程中，我国的大学英语教育扔掉了母语的教育而出现了独行的现象，在许多外语教育大纲的要求中很少提及中国的传统文化知识，在许多英语教育的课堂中，教师也在一味地强调英语学习的重要性，而忽略了母语的教育教学，没有给母语足够的重视。在教材内容方面，大多章节涉及的都是外文典籍，很少提到中国的典籍，编排者忽略了中国人在了解外国文化的同时，也应该让中国文化流传到外国，发扬光大中国的传统文化。同样在实际课堂教学中，缺少不同文化的对比教学，忽视了提升中国本土文化的表达能力，在跨文化传播过程中，学生由于缺乏对母语文化的理解度和文化敏感度，失去了理解目的语的基础，继而无法与目的语相比较，因而也就无法很好地理解两者存在的共性及差异，影响学生的社会文化能力的培养。

二、本土文化失语的对策研究

大学英语课堂培养学生的跨文化交际能力应该是一种双语文化交际能力，既包括对西方文化的深刻理解，又包括能用英语恰当地表达和输出中华优秀文化，这样才能维持大学英语文化教学生态平衡。本节将从以下四个方面探讨大学英语教学中“中国文化失语症”的相应对策。教师应该结合学生自身的特点及实际情况，灵活地选择以下几种对策进行教学，让学生在学习过程中树立起强烈的民族意识，积累丰富的中国文化的英语表达形式，才能彻底地解决中国文化失语症，使中国文化发扬光大。文化和语言作为载体，两者相互渗透与融合，才能让语言生态达到平衡。

三、教师自身文化意识的培养

建设一支高素质的大学英语教师队伍是母语文化得以传承的关键。英语教师需要不断地去学习进修自己的专业知识，并不断地去提升自身的综合文化素养，广泛地涉猎各个领域，才能把握教学的重点内容，熟悉跨文化交际的领域的自然风俗、社会礼仪、思维观念，另外，还要加强祖国的文化修养，有意识地提高自己对中西文化及语言的敏感程度，将自己的文化体验和教学内容很好地结合在一起，不断探索更新自己的文化知识，对东西方文化融会贯通；高素质的大学英语教师不仅要具备扎实深厚的语言功底，还应具备较强的跨文化意识和跨文化交际能力，大学英语教师只有树立正确的文化立场，才能自觉地、主动地肩负起传承母语文化的重任，才会将其自身的文化意识更好地渗透在大学英语教学中，从而培育出具备开放思维模式的学生。

增加母语文化课程的设置。就目前的情况看，介绍英语国家文化的课程很多，如英美文学赏析、英美概况等，但有关母语文化类的课程鲜少开设，学生接触到的都是英语国家的文化，因此，大学英语教师应在提高自身母语文化学识和素养的基础上，主动开设与母语文化有关的英语选修课程，如中国传统文化赏析、中西方文化对比等，通过系列选修课的开设，一方面可以使学生对中国文化博大精深的内涵有更高层次的理解。另一方面，掌握了地道的有关母语文化现象的英语表达方式，能够为学生跨文化交际的顺利进行打下坚实的基础。

教材设计的多元文化生态建设。当前使用的大学英语教材中有关中国文化的文本配置比例很低，体现的是一种单一文化外语教学模式。语言内容与文化内容应该相辅相成，大学英语主干教材和教学内容需要加大本土文化的配置比例，要构建一个双文化模式，尽量选用能体现具有双文化内涵、能培养跨文化交际能力的文本，避免使用独立的英语课程教学，结合欧美文化教育方式，应提倡在学习外国语的同时融入中国文化元素，进行一种自主创新的教材设计，研究出具体的设计实施方案，并落实到每一步，才能从源头处解决这个问题，否则一切都是纸上谈兵，没有现实意义。

跨文化能力的评价和测试指标的增加。《大学英语教学指南》中指出，大学生英语能力测试的目标是构建“共同基础测试与其他多样化测试相结合”的综合测试体系，然而，当前大学英语教学评价中存在诸多问题，严重影响了学生母语文化素养的提升。因此，大学英语教师在教学评价中应避免评价内容和方式的单一化，要尽可能地多增加一些文化意识方面的考核内容，教学评估是大学英语学习中的一个重要的环节，准确、客观、全面的评估对实现平衡语言生态系统具有重大意义，它既能体现学生的学习、掌握、理解的情况，也能体现出教师教学方法的是否合理的问题，有利于获取教师的教学质量反馈信息，而且可以及时改进学生的学习方法，提高学习效率，从教学的各个方面渗透中国文化，并对考核的结果进行深入分析，发现问题及时解决问题，不遗留任何一个漏洞，抓好测试关，进行有效的监督和实施。通过结合中西方文化知识的考查，全面提高学生的双语文化能力。

总之，中国文化失语症的出现与教育的片面化有关系，只有从根源上出发，通过提高教师自身文化培养、增加母语文化课程的设置、采用多元化的教材设计、跨文化能力的评价及测试指标的增加，中国文化失语症才有希望拯救。从文化生态学的观点来看，文化的发展是在动态的交流中实现的。在多元文化背景下，跨文化交际活动日益频繁，传播博大精深的中国优秀文化，势必加强本土传统文化的目的语输出能力。面对当前大学生中普遍存在“中国文化失语症”的问题，大学英语教育者应该承担起引导的责任，从自身文化生态意识的提高出发，改革课程设置和教学模式，努力培养具有跨文化交际能力和深厚文化素养的高层次应用型人才，以适应新时代发展的要求和挑战。

第四节 中国文化失语与英语拓展课程创客式教学

近年来“中国文化失语”现象受到我国大学英语教师的普遍关注，本节通过分析“中国文化失语”的成因，试图寻求解决办法。追求在多学科结合的学习中培养学生综合能力与素养的创客式教育为解决这一问题提供了新的方向。本节在总结创客式教育特点的基础上，提出大学英语拓展课程创客式教学模式，并阐述其主要内容及优势，以期进一步推动大学英语教学的改革，实现英语语言、中外文化及其他学科的有机结合，培养有本土文化根基的、有创新力的、有国际竞争力的复合型人才。

随着当今中国的迅速崛起及其国际地位的不断提高，向世界展示中国文化，为中国发声成为我们进行良性国际交流与合作的基础。当代大学生应该肩负起加强文化底蕴及民族文化认同感的历史使命。南京大学的从丛在2000年就提出了“中国文化失语”现象的存在，他明确指出“我国外语界忽视了作为交际主体的另一方的文化背景即中国文化的英语表达，应当将中国文化的英语表达贯穿到各层次英语教学中”。2007年颁布的《大学英语课程教学要求》就提出大学英语教学目标是“培养学生的英语综合应用能力，提高综合文化素养，以适应我国经济发展和国际交流的需要”。但是，我国从小学到大学的英语教学都以传授英语语言和了解英语国家文化习俗为首要任务，强调西方文化的导入。而关于中国传统文化的课程及教材少之甚少，严重忽视了中国文化的输入与输出。“大学生使用英语表达中国文化的能力较低，翻译一些词汇短语尚能应对过关，但是面对更深层次的文化表达就犯了难。”肖龙福等人通过进行“中国文化失语”现状研究发现，当前的大学英语教学在广义中国文化英文表达测试中，所有受试学生都没有英译出问题“中华文化的核心和精髓是什么”及其答案，回答中国传统道德规范体系中道德的最高标准正确率不到20%，回答关于传统节日的英译才基本达到较高准确率。因此如何缓解“中国文化失语”成为大学英语教师的新课题。

“中国文化失语”现象是指英语学习者无法主动积极地与交流对象提及中国文化的信息，只能被动地接受西方文化的信息。从丛教授也指出诸如博士等高学历的英语学习者在实际交流中也呈现出母语文化底蕴苍白的尴尬境遇。虽然大部分英语学习者表现出对中国文化学习具有浓厚的兴趣，但也承认他们不具备用英语流利表达中国文化的能力。这种“文化失语”现象的成因有如下几个方面。

近年来中国人的文化观和价值观、思维方式与生活方式都逐渐受到西方文化的影响。我国的英语教材“一直偏重西方文化信息和知识的输入，而中国文化较少被提及或缺失，导致学生用英语表达中国文化的意识不强，能力不足”。这种中西文化摄入量和重视程度的差异弱化了学生的民族文化认同感，不利于“理解和鉴赏中外优秀文化、培育人文精神、增强爱国情怀、坚定文化自信和提升中华文化对外传播的意识”。

在所有科目中，英语已经成为中国学生学习时间最长的一门课程，而且也是从小到大参加考级最多的课程。英语教材的内容涉猎的范围越来越广，对学生英语水平的要求也越来越高，但是课程的重点落在对西方文化的了解、英语听说读写译各种技能的培养上，英语课分为精读、口语、听力、写作等几门课程，还要通过各种过级考试。这种课程设置的偏误导致了学生更多地注重英语语言技能和西方文化认知，逐渐削弱自身民族文化的话语权力。

中国的家长对学生的智力投资从幼儿园阶段就开始了，相对于英语培训机构，跟传统文化相关的平台数量非常少且不够成熟。从小学到高中阶段，在升学的压力下，中国文化的熏陶和培养已经成了“奢侈品”，中国文化的传输平台基本没有立足之地。大学生没有了之前的升学压力，但是未来的求职诉求又把学生和英语捆绑在一起。虽然《大学英语课程教学要求》对教学目标提出了新的要求，各个学校纷纷开设中西文化类拓展课程，但是学生对于中国文化的了解和认知仅限于教材中有限的文字描述和对于传统文化的英文翻译习题。这样的文化传输方式很难提起学生的兴趣，无力提升文化认同感，更不用说向国际社会宣传弘扬民族文化了。

一、创客式教育

（一）创客教育的定义

创客从英文“maker”翻译而来，意在交流思想，分享创意。在创客运动的带动下，创客教育正在中国蓬勃兴起。申静洁等人结合众家之见提出了创客教育的定义，创客教育以跨学科的项目式体验为承载核心素养的途径，使学生在开放的创物过程中，锻炼其高阶思维能力与创新实践能力，形成创新、合作、共享的创客文化。创客式教育旨在应用创客的理念与方式去改造教育。实施创客式教育可以培养出具备创客思维和创客能力的创客人才；而创客人才培养，又可以促进学生在各个学科开展基于创造的学习。

（二）创客教育的理念

实用主义教育家杜威提出的“做中学”思想为创客教育提供了很好的理论基础。杜威主张“从做中学”，从活动中不知不觉地养成品德和获得知识，实现生活、生长和经验的改造。今天学生可以做的活动不仅包括艺术活动、手工活动，还包括新科技的运用，这些现代技术可以最大限度地提升活动的广度、深度和速度。创客教育给予学生更多选择的空间，允许他们按照自己的兴趣喜好选择材料工具，自己动手制作，尽享创造的乐趣。

创客教育也符合钱学森提出的大成智慧学对人才培养的要求。大成智慧学是引导人们如何尽快获得聪明才智与创新能力的学问，强调科学与艺术的结合，逻辑思维与形象思维的结合，重视思维的整体观和系统观。创客教育就是让学生自己发现问题并创造性地解决问题，在这个过程中要综合运用各个学科的知识，进行跨界合作，从而培养具备大成智慧的创新型人才，以满足飞速发展的时代需求。

（三）创客教育的实施

创客教育是一项系统工程，需要从创客环境、课程体系、学习方式等多方面推进。

创客环境具有融合性、开放性、创造性的特点。创客教育环境不仅是教室环境和网络环境的简单融合，它“强调科技、艺术、工程、数学、人文等方面内容的整合，强调跨学科、跨领域、跨系统、跨技术平台的整合。因此，在创客式教育实施的过程中，应强调跨学科知识的统整和融合，强调社会、产业、企业、学校、专业等资源的融合，强调学习初探、学习体验、学习创造等的融合，要通过跨学科融合、多资源融合、多场景在线，打造‘全科学习’知识载体”。学生可以利用泛在的创客环境，随时随地利用校内校外、线上线下资源，实现学习、交互、创造及发布任务。

创客课程体系包括合理的课程设置、专业的教师团队及有效的评价方式。有别于以往单一学科的课程设置，创客课程需要结合校内校外及线上线下的创客课程，结合专门的以及与其他学科联动的创客课程以满足不同的创客教育目标。除了专业的创客指导教师团队之外，如拓展资源库等的虚拟教师及各学科专业教师都是缺一不可的力量。学生学习记录及测试、成果展示及发布、交流合作乃至创业等一系列的评价及成就手段为创客教育的长远发展提供了动力。

创客课程的学习方式也超越了书本、图书馆或者简单的小组任务分工的传统方式。学习的主要目的是通过观察、调查、思考、搜集信息、处理信息来解决问题，在创造实践中提高分析、反思、写作和解决问题的能力；实现从学生的背景和兴趣情感出发的，以学生为中心的，通过做中学、玩中学提高创新能力和动手能力的个性化协作式学习。学习的工具和器材也不仅仅是教材和文具，文本工具、信息检索、记录工具、实验器材、加工工具、高新科技等都是创客课程必备的。

二、大学英语拓展课程的创客式教学模式

（一）以母语文化为本，培养跨文化意识

目前从大学英语的教材内容来看，涉及中国文化的部分还是非常少的。学生连中国文化重要的代表人物及文学名著的英文名称都无法准确表达，更不要提对其内容进行英文介绍了。而教育部在 2003 年就曾明确指出外语教学的目标包括“传承中外优秀文化，增加人文和科学知识，提高学生综合素养”。因此大学英语教学还应继续加大对母语文化的重视程度。只了解外国文化而不熟识本民族文化，在跨文化交际的过程中会失去平等交流和对话的基础。外语学习者应该以母语文化为根本，结合目的语文化，两种文化同时学习。通过比较、判断，“能加深对两种文化的了解，还能培养学习者的思辨能力，同时培养他们对于多元世界的理解度和包容度；增强学习者的人文素养，提高理解社会的能力及跨文化交际能力”。目的语和母语文化的鉴赏力相互促进，学生自己的潜能才能充分发挥。培养知己知彼的文化观，让学生在未来的国际交流与竞争中充分展现本民族独特的文化魅力，

提升我们的软实力，让外语教学真正成为弘扬优秀传统文化、提升文化软实力，沟通中国和世界的桥梁和纽带。

（二）创建创客空间，实现体验创造式学习

大学英语拓展课程有很多和中外文化相关的内容，课程类型多样，对于利用创客式教学方式改善文化失语现象，具有很大的优势。虽然英语课程是纯文科的语言技能类的课程，表面上看跟实物创造没什么关系，但是英语拓展课程会更多地涉及文化传统、风俗和技艺，我们完全可以从文化传统技艺入手，利用各种创客空间，帮助学生边体验、边学习、边创造。学生可以根据自己的兴趣组成创客小组，选择一项中国传统文化技艺，如篆刻、刺绣、编织、剪纸、中国结、风筝、舞蹈、戏曲、陶艺、武术等，通过课堂内外、校内校外、线上线下的各类创客教室、创客实验室和创客空间自主学习并创造出成果。通过这个学习和创造的过程来深入了解和熟识中国文化，并在其中获得成就感和归属感。目前校园内可供学生随时随地使用的创客空间还比较缺乏，学生更多的是利用校外的工作室来完成他们的创客文化作品。希望随着创客教育的发展，创客空间会成为每一所校园的基础必备设施，让创造成为一种自然和习惯，让学生有更好的环境去实现体验创造式的学习。

（三）利用翻转课堂，实现文化和语言的有机结合

由于各种教学资源及课程设置的限制，在大学英语授课教室进行体验创造是不现实的。在有限的课时内，既要学习文化技艺，又要用英语进行成果分享也是不可能的。近年来兴起的翻转课堂可以弥补教室和课时的不足和遗憾。英语教师提前布置好文化教学任务，学生组成合作小组，利用校园内外可以利用的资源进行泛在学习和创造，在规定时间内回到英语课堂用英语进行成果发布、分享及评价。文化拓展课程、创客式教育模式、翻转课堂的融合使得文化的体验式创造和英语的工具性运用有机地结合起来。

（四）搭建文化传播平台，缓解文化失语现象

学生对本土文化有陌生感，传播文化的机会又很少，这些都会加剧“中国文化失语”现象。将创客式教学模式引入大学英语拓展课程可以把成果创造、文化传播、语言表达有机地结合起来，把英语课程的要求落到实处，既培养了人才，又促进了文化的交流。学生的创造式学习任务不能是单向的、孤立的，应该是任务导向式的，有目标有方向的。通过搭建组内、班内、同类课程内的分享平台，校际乃至国际的网络交流平台，各类艺术节、文化节、招聘会等实物平台，可以让学生获得创造的动力，把每次任务和兴趣、使命、荣誉甚至是未来联系起来。从收集资料、文化传统介绍、成果介绍到海报设计、活动参与等各个环节，英语作为表达工具，成了交流的手段而不是学习的内容，学生在展示分享自己成果的过程中，努力运用自己已经掌握的语言技能，通过查找、商讨、请教、修正，不知不觉地提高自己的英语表达水平。通过这一系列的文化创造、分享和传播活动，学生对本土文化有了体验式的深入了解，同时又自然而然地运用并提高了英语技能，文化失语现象得到了缓解。

（五）结合专业优势，实现跨学科学习

创客式教育理念与 STEAM 教育理念是一脉相承的。STEAM 教育理念最早起源于美国，STEAM 是科学（Science）、技术（Technology）、工程（Engineering）、艺术（Arts）、数学（Mathematics）五门学科的英文缩写，意在打破常规学科界限，通过跨学科教育方式培养创新型复合人才。大学英语拓展课程对于跨学科教育方式有着得天独厚的条件，同一个英语班级的学生来自学校的各个专业，学生可以自然组成一个包括外语学科在内的多学科创造小组，利用大家各自的专业优势和专长，取长补短，共同创造，完成一个英语创客任务，实现跨学科学习，完成对文化、知识和技能的体验与内化，最终实现全人教育。

大学英语拓展课程的创客式教学模式以英语课程为载体，突破单一学科教学、单一课堂学习模式，利用各学科优势和各类创客空间，激发学生的积极性，通过小组和团队协作共同体验创造，将文化意识、学科知识、语言技能、创新思维有机融合为一体，拓展了教学时间、空间及内容，使大学英语教学在教学理念、教学方法、学习方式、评价反馈方面都发生了前所未有的巨变。从某种意义上来说，这种创客式教学模式不仅训练了学生的语言技能，还从文化交流层面引领大学生寻根问祖，传承本土文化的精髓，这对学生的个人发展、社会的进步以及平等的国际交流与合作都有着深远的影响。但是和新生事物的融合也给大学英语教学带来一系列的挑战：如何突破传统课程的壁垒、培养有经验的英语创客教师、创建优质的平台，完善教育理念，建构新模式的评价体系，都将是学者们下一步研究的重点和难点。

第六章　大学英语教学与中国文化失语的解决方法研究

第一节　大学英语教学中母语文化失语

我国大学英语教学中，尚存在母语文化失语问题，导致学生跨文化解读能力和用英语介绍本土文化的能力欠缺。英语教育应当在教师引导、教材编写、教学实践三方面加以研究和改变，培养出跨文化交际能力强、能够承担起传播中华文化使命的大学生。

教育部在2017年发布的《大学英语教学指南》中明确指出英语课程应该能够使学生“增进对不同文化的理解、对中外文化异同的意识，培养跨文化交际能力”，并指出“社会主义核心价值观应有机融入大学英语教学内容”。要想理解不同文化，理解中外文化的差异，并且把社会主义核心价值观融入大学英语教学，必须熟悉母语文化。

长期以来，在我国英语教学中，熟悉英语国家的文化一直是教学的重要内容。我们致力于让中国了解世界，母语文化部分在大学英语教育中几乎是缺失的。由于母语文化在大学英语课程中的缺失，学生不仅对母语文化的英语表达知之甚少，对于文化的跨文化解读能力也欠缺。如果这种“失语现象”长期存在，期待学生对外用英语讲好中国故事、传播中国声音就相当困难。讲好中国故事，表明中国立场，创造良好的国际舆论环境，是我国现代化建设必需的。因此，大学英语教育中母语文化失语的问题必须得到重视和解决。

一、大学英语教育中的母语文化失语问题

早在2004年教育部高等教育司颁布的《大学英语教学课程要求》中，就已经指出“高校语言教学中要适当融入中国文化教学的内容”。但是在实际教学过程中，由于缺乏具体的指导意见，目前各高校大学英语课程中几乎没有中华文化的内容。很多大学生在修完英语课程后，可以比较熟练地讲述西方的节日、风俗习俗等文化内容，但是对于中国的传统文化，有时连节日名称都不会用英语表达。这在很大程度上造成了“母语文化失语”现象。母语文化在大学英语课程中处于“失语”的情况，具体表现在以下三方面：

（一）文化传播的主体——教师引导不足

文化传播的主体是人。教师作为大学英语教学内容的设计者，同时是文化的介绍和传播者，也应当是中国母语文化传播使命的承担者。但是在传统大学英语教育理念中，一直把学习英语的基本技能和了解英语国家文化作为英语学习的主要任务，一些大学英语教师没有传播中华文化的主体意识。在主观方面，部分英语教师无视中国传统文化思想在英语课堂的呈现，认为中国传统文化的教学是文学或历史课程的任务；客观方面，英语专业教师在接受英语专业教育过程中更多地接触的是英语国家文化，本身也会受到认知的影响，忽视英语课堂上传统文化思想的影响。作为主体的教师在中华传统文化方面引导不足，会造成母语文化在大学英语课程中的失语现象，直接造成学生即便掌握了扎实的语言知识，也难以准确地用英语向世界介绍中国丰富的文化。

（二）文化传播的载体——教材内容缺失

文化传播的载体有很多种，在教学中主要以教材的形式呈现。每门课程学习中使用的教科书作为一种载体都应有传播知识、传承文化的功能，大学英语教材也是如此。

通过对目前使用范围最广的三种大学英语通识课教材的内容梳理可以看出，中华母语文化处于失语状态。通过对这些教材的篇章主题进行分析可以看出，英语国家语言文化，特别是英美国家文化仍占绝对的主导地位，占教材主题内容的60%以上。在剩余的内容中，科技、环保等共同文化部分约占总体的30%；日本、俄罗斯、法国等其他国家文化约占7%；中西教育观念比较等文化比较或者是直接关于中国的内容在教材内容中占比均没有超过3%，作者也均为西方人或华裔外籍人士。有一套教材中完全没有涉及中华文化。2013年大学英语四六级考试开始考核关于中华传统文化内容的汉译英翻译后，几套英语教材的修订版开始在课本练习中增添了少量的中华文化内容方面的翻译练习。但是在最重要的课文内容部分，在母语文化输入方面依然处于“失语”状态。

作为文化载体的教材在母语文化上失语，直接造成学生在关于中华文化的英语输入上不足，没有高质量的输入，自然不会有关于文化的高质量输出。

（三）文化传播的过程——教学实践忽视

文化传播除了需要传播主体和传播载体外，还需要以一定的方式方法向客体传播。这些方式方法在大学英语课程中，主要体现在教学实践中教师的教学组织方式和课程评估方式中。

在实际教学实践中，在教学组织方面，由于教师主体的重视不足及教材中母语文化内容的缺失，大学英语教师在课堂教学中基本不会涉及母语文化，而是以学习语言知识为基础，学习英语语言国家文化和提高英语思维能力。在课程评估方式方面，不论教师采用过程性评估还是终结性评估方式，教师都关注学生语言能力的提升，而非理解文化内容。即使作文等输出型考题也大多会考查学生对于某个社会现象的理解，测试学生英语思维和表达能力。因此，在这两个过程中，母语文化依然处于“失语”状况。

二、大学英语教育中母语文化失语问题的对策研究

针对大学英语教学中出现的母语文化失语问题，笔者认为应该从问题突出的三方面，即作为传播主体的教师、传播载体的教材和传播过程的教学实践方面，进行有针对性的对策研究，改变这种状况。

（一）英语教师的引导

英语教师作为向学生传播文化知识的主体，必须足够重视自己在母语文化传播方面起到的作用。首先，英语教师应当努力提高业务能力，提高母语文化素养，加强对中外文化的掌握和理解，提高用外语准确表达中华文化的能力。其次，教师要注重在教学中的引导。教师不仅应提高学生的英语语言能力，还应提高学生对文化的理解和吸收能力。英语教师在课堂上不仅要介绍西方文化，而且要加大母语文化输入力度，教会学生用英语介绍优秀中华传统文化。教师还应当对中西文化进行比较，让学生能客观地意识到不同文化之间的差异，增强学生的跨文化交际意识和主动传播中华优秀传统文化的使命感。教师如果在教学过程中对母语文化给予足够的重视，并积极引导学生，发挥在教学过程中的文化示范作用，就可以从文化传播主体方面改变母语文化失语现象。

（二）大学英语教材的编排

要使大学英语教学摆脱“母语文化失语”的状态，作为文化传播载体的教材内容必须得到充实，让学生得到更多的中华文化输入。在大学英语教材设计理念中，应明确大学英语不仅是一门语言基础课程，而且是一门让学生认识世界、理解文化的人文课程。在教材选择编排上，不仅应增加中华文化内容的篇章数量，增加中华文化内容的比例，而且应注意选材的多样性。在选材内容上，可以从政治、经济、文化、百姓生活等各个方面选取英语材料，强化对学生的输入，增强学生用语言表达中华文化的能力。例如在传统文化方面，可以选取《论语》等中国优秀的古典文化书籍的英译本；在当代中国的国家和政治方面，可以选取《习近平谈治国理政》英译本等材料；在日常生活事件方面，可以选取如国外英语媒体对中国新闻的报道等。总之，利用教材这个载体，通过丰富的材料，把中华文化的传播融入整个大学英语课程体系，让学生在提高语言和思维能力的同时，能够熟练地对外用英语表述和传播中华文化。

（三）英语教学和评估的改变

在教学实践的两个重要方面——教学组织和课程评估上，都要有相应的改变才能改变教学中的文化失语现象。在教学组织方面，在改变教师观念和增补教材里中华文化的内容后，教师的主观要求和教材内容的客观要求都会导致传统文化输入量的增加，中华文化失语的状况会自然得到改善。教师不仅应鼓励学生在课堂学习，还应指导学生进行有针对性的课外阅读，加深学生对传统文化的认识，培养学生对传统文化的兴趣，强化学生传承中

国优秀传统文化的使命意识。

在教学评估环节，教师需要以评价促学习。在中国的教学环境中，重要考试对教学有直接的指挥作用，考试结果对学生的学习有十分重要的指导作用。教师可以采用形成性评估方式，通过多种形式考核。评测方式可以采取课堂上的小组讨论、辩论，个人或小组演示，个人或小组调研项目，撰写专题报告，问题答辩，研究小论文等形式。考核中不仅考查学生的语言能力，同时考查学生对涉及的文化主题的思考和理解，以此激发学生学习文化的热情，让学生把中华文化知识内化，解决母语文化失语问题。

要解决大学英语教学中母语文化失语问题，使英语教育承担起“中华文化走出去”的重任，必须从前文讨论的三个方面予以应对。第一，大学英语教师应当素质过硬，不仅要英语语言素质高，还要对中西文化都有深刻的认识，这是解决大学英语教育中母语文化失语的前提。第二，大学英语教材应多体现中华传统文化的内容，加强以英语为媒介的中华传统文化学习，这是解决英语教育中母语文化失语的保障。第三，在教学和课程评估过程中，教师不仅应注意语言技能的提升，而且应注重让学生用英语描述中华传统文化，对中西文化进行对比与思考。这是解决大学英语教育中母语文化失语问题的核心。总之，我们应当在大学英语教学中强化中华传统文化内容，解决母语文化失语的问题，使学生建立“文化自信”“文化自强”的观念，让学生能够主动承担起传播中华文化的使命。

第二节　商务英语专业学生“中国文化失语症”

在当前商务英语教学中，英语语言文化与商务知识是重点教学内容，中国文化知识的渗透相对较少，导致商务英语专业的学生用英语表达中国文化的准确性较低，造成了商务交流和沟通不畅的现象。此现象既对学生以后进入工作岗位进行商务交流造成了不少的影响，又对发扬中华传统文化产生了不利的因素。笔者分析了造成商务英语专业学生中国传统文化失语的原因，并结合中国传统文化的渗透的重要性提出了商务英语教学中应采取的策略。

一、研究背景

美国语言学家 Claire Kramasch 曾说过“语言陈述着、承载着，也象征着文化的现实，两者密不可分”。语言与文化共存，语言是文化的载体，语言是文化传递的媒介，语言的学习与文化的学习紧密相连。文化的定义有上百种，包括知识、信仰、道德、艺术、法律、风俗以及作为社会成员所习得的任何才能与习惯。因此，只依靠一些语言技能类课程的学习要到达文化学习的目标是困难的，基于此现状，不少高等院校陆续开设了与英语文化相关的课程，目的是为了提高学生的英语文化素养，但不少高校在人才培养方案中过分强调英语文化课程的重要性而忽视了中国文化知识在英语教学中的渗入，导致学生很难准确地用英语表达中国文化，对毕业生步入工作岗位与外商进行商务沟通有很大的影响。

随着我国经济实力的发展壮大，越来越多商务贸易的出现，相应地对商务方面的人才的需求与日俱增。为了提高商务英语专业人才的培养质量，2013 年 10 月，商务英语专业教学协作组起草了《高等学校商务英语专业本科教学质量国家标准》，经过多次论证，最终形成《商英国标》。该标准中，提出了“商务英语专业旨在培养英语基本功扎实，具有国际视野和人文素养，掌握语言学、经济学、管理学、法学（国际商法）等相关基础理论与知识，熟悉国际商务的通行规则和惯例，具备英语应用能力、商务实践能力、跨文化交流能力、思辨与创新能力、自主学习能力，能从事国际商务工作的复合型、应用型人才。”此标准传递的重要信息，即对于商务英语专业学生人文素质培养的重要性，在商务英语专业知识中，跨文化商务交际能力相关知识是其中的重要组成部分。同时，中国文化知识的渗透的重要性在跨文化交际中尤为重要。在与商务英语专业的学生关于中国传统文化知识的交流中发现，很多学生对于英语文化中的莎士比亚、马克·吐温等作家的英文表达很熟悉，但对我国传统文化中的孔子英文表达不够熟悉。基于此，笔者对造成商务英语专业学生中国传统文化失语症的原因进行了分析，提出在商务英语教学过程中，需要增强中国传统文化的渗透，同时提出了相应的策略，希望对商务英语的教学有所启示。

二、商务英语专业学生中国文化知识缺乏的原因分析

（一）商务英语教学过程中对中国传统文化的渗透性较低

语言学习与文化的学习是一脉相承的，对于英语学习者而言，不是一味地把英语文化学好就可以，而是要把中文和英语都学习好才可以达到两种语言文化的交融，在翻译过程中才不会出现因译文文化的理解不畅而导致翻译出来的内容不能恰当地表达原文的含义。在翻译过程中，译者过度强调英语的文化使得译文中缺少了中国文化知识的传递。在商务英语教学中，不少高校增加了欧美文化、英美文学等课程，但很少将中国传统文化纳入教学课程中，这就与语言的双向性和交流性的特征相悖。对于外语学习者而言，多阅读原汁原味的英文作品是最基本的要求，但在跨文化沟通中，两种文化的交流才是关键，不可一味强调目的语的重要性，同时也要增强本族语的交流和传播。外语学习者在学习外语文化的同时，还不可忘记让更多的西方人士通过英语了解中国和中国文化，用英语表达自己的文化，在对外沟通的过程中真正起到桥梁作用。然而，在目前的商务英语教学中，过度强调目的语的文化教学，导致本族语的学习缺失时，对国际交流的影响带来很多不利的影响，这些将使中国传统文化在商务英语专业的教学中得到重视。

（二）过度强调英语与商务知识的学习

作为一门国际性的语言，英语的重要性从幼儿园到大学的教育过程中一直被强调着。与英语相关的考试层出不穷，这些考试告诉我们英语学习和运用的重要性。然而商务英语

专业与普通英语专业的不同之处在于学生除了要具备英语语言的基本功外，还要求学生掌握商务知识。商务英语专业的本科生的培养方案中加入了经济学、管理学、国际贸易、商务文秘、国际商法等一系列的课程，这无疑是强调国际商务人才培养中这些课程的重要性，但反过来在培养过程中对中国文化的学习的重要性被忽视。在中国文化教育过程中，学生在高中阶段学习结束后进入大学教育中，部分院校开设了大学语文作为选修课，但不少学生觉得与自己的专业关联性较低，失去了学习的兴趣；此外，大学语文课程内容的深度和广度不够，起不到对中国文化深层次内容的传输作用。中国学生没完全地接触到中国文化的内涵和精华，所以不可能意识到中国文化的价值。商务英语专业的学生对中国文化中的商务知识尚不熟悉，很难培养出跨中西文化的商务人才。

（三）中国文化课程设置不完善和教材的匮乏

在大多数高校的课程设置中，英文版中国传统文化课程开设情况并不乐观，而且在开设本门课程的高校中，绝大部分的高校将其设为选修课，课时少，而课程中的教学内容较多，专业术语的英文词汇量随之增加，相关的文化背景知识内容繁多，在给学生带来较重的学业压力的同时，教师准备教学内容时的压力也较大；选修课程的学分较少，学生的重视程度会骤减，教学效果不太理想，学生对这门课程的学习积极性随之下降。

最近几年以来，与中国传统文化相关的教材数量在增加，但大部分教材中的教学内容都是对中国传统文化基本知识的陈述，仅起到对中国文化知识的略读作用，很少有对哲学思想的发展和主要演变进行详细解释说明的。另外，中国文化的英文版本的参考书或相关内容的英译本较少，网络资源也不完善，教授这门课程的教师很难找到较全面的材料进行备课，这些都导致学生中国文化学习之路困难重重，导致学生英语表达中国文化时的准确性降低。

三、商务英语专业学生“中国文化失语症”的应对策略

（一）提高中国文化意识与文化自信

思想文化是一个国家、一个民族的灵魂。无论哪个国家，如果不珍惜自己的思想文化，这个国家是立不起来的，因此我们要不遗余力地继承和发扬我国的优秀传统文化。商务英语专业人才培养方案要求学生具有良好的跨文化沟通和交际的能力，跨文化沟通内涵中包括学生熟练地掌握目的语的文化，能够准确地用英文介绍我国的传统文化、习俗、传统思想价值体系，让更多的人喜欢并热爱中国文化。在商务沟通中融入中国传统文化的价值观，是英语学习者肩负的重大使命。因此，在教学中要培养并鼓励学生对民族文化的自信心和自豪感，重视自身文化的学习和传播。

（二）增强中国文化英文表达在商务英语教学中的地位

当前商务英语课程设置中，英语文化方面的课程在开设的同时应该开始英文版的中国

文化课程，强调中国文化课程的重要性，并逐渐培养学生用英语表达阐述中国文化中的术语的能力。在商务英语教学过程中可以采用对比教学的方法，通过中西文化的对比，让学习者更好地认识并掌握两种文化的相似之处和差异。例如，在商务礼仪课上可以把西方的饮食文化习俗与中国传统饮食习俗做比较介绍，在语言、文学、习俗诸多方面，中西方都是具有一定的可比性。在发现文化差异的同时，还应该对文化之间的相似性和可比性有所认识，鼓励学生积极地探索中西文化在许多领域中的相似点，在商务英语教学中逐渐渗透和融入中国文化，实现真正的跨文化沟通。在高校课程设置方面，高校不仅要全面认识中国文化课程在商务英语专业教学中的地位，同时应不时地邀请国内的中国文化专家提供他们成功的教学经验，定期组织讲授相关课程的教师进行培训。只有确保中国文化课程在商务英语教学中的地位，才能引起教师、学生、学校对中国文化的重视和关注。

（三）中国文化中的术语翻译规范化

商务英语专业的学生在步入工作工岗位前，不仅要储备国际商务相关的知识，还积累大量的跨文化知识，在积累这些跨文化知识的同时，还应该大量摄入我国的传统文化相关知识，这样才可以使商务沟通和谈判高效率地进行。对于很多中国文化术语词汇的翻译，不同语料中的说法不一致，应对哲学术语的英文翻译做出统一的规范和标准。

解决商务英语专业教学中的“中国文化失语”问题，是成功地进行商务交流和跨文化沟通不可缺少的条件之一。针对当前商务英语专业学生“中国文化失语”现象，教师在教学过程中首先应该培养学生平等的文化意识，适量增加中国文化与西方文化对比的教学内容，合理革新教学模式，引导学生吸收西方文化精华，重视中国传统文化的学习和传播，使学生用英文传播中国传统文化的能力得到提升。

第三节　大学英语教学中本土文化的失语

近年来，软实力在国际关系领域备受关注，习总书记指出，提高国家文化软实力，关系“两个一百年”奋斗目标和中华民族伟大复兴中国梦的实现。作为大学英语教师，笔者深切感受到我国的文化软实力的提高面临许多问题，尤其是本土文化的失语现象亟待解决。本节探析大学英语教学中本土文化失语现象产生的原因、可能导致的后果以及解决的办法。

随着科技和网络信息的迅猛发展，各国间的交流越来越便捷，无形中加快了全球一体化的进程。中国在全球一体化进程中扮演着举足轻重的角色，与世界各国频繁的政治、商贸往来，以及 GDP、军备实力、科技发展等硬实力稳步提升，使我国的世界地位显著提升。然而，包括民族凝聚力、道德感召力、舆论引导力等的软实力的增强还处于起步阶段，传统文化和民族精神尚未转化成强大的生产力。语言文字、图书出版等方面的“文化赤字”导致世界对中国的认知存在缺失或偏差，成为提升综合国力的绊脚石。因此，培养传播本土文化的人才是增强国家软实力的重要手段。对于从小就学习英语的大学生来说，并没有在弘扬本土文化方面起到推动作用。笔者在教学过程中发现能够用英文介绍母语文化的学生甚少，这就警示教育者要分析本土文化失语现象产生的原因，并且试图寻找解决办法。

一、本土文化失语现象产生的原因

（一）课程教学要求仅强调英语能力的培养

《大学英语课程教学要求》规定，大学英语的教学目标是“培养学生的英语综合应用能力，特别是听说能力，使他们在今后工作和社会交往中能用英语有效地进行口头和书面的信息交流，同时增强其自主学习能力，提高综合文化素养，以适应我国社会和国际交流的需要”.“大学英语的教学模式应体现英语教学的实用性、文化性和趣味性相融合的原则。”教学目标强调了培养英语综合能力，教学模式要求体现教学的文化性，但并未强调提升学生用英文准确介绍中国文化的能力。因此，在英语教学模式由“语法 - 翻译法”转向“交际法”的过程中，教师越来越重视文化教学，但注重的是西方文化的讲授，普遍忽略中国文化的英文表达，而且语文不是大学必修课，所以学生在更多了解西方文化的同时忽略了本国文化。比如有些同学知道莎士比亚是 Shakespeare 却说不出孔子是 Confucius。

（二）教材内容鲜有本土文化

学生词汇量大、语法熟练、语音语调标准不一定能成功地跟外国人交流。除了基础知识，还需要了解目的语国家的习俗和禁忌等文化，地道的表达才能顺利地与外国人交流。针对这一点，教材课文大部分选自英语国家报纸杂志或文学作品以达到语言的地道性。课文内容则多数讨论目的语国家的政治、经济、教育等内容，鲜有本土文化。例如大纲中指定的由外研社出版、郑树堂等编著的《新视野大学英语读写教程 4》中，只有第四单元的内容提及中国，但也并不是在介绍中国文化。这样一来，教师就容易忽略要培养学生适应国际交流的目的，导致本土文化失语现象的产生。

（三）西方文化的广泛传播与渗透

西方文化的广泛传播与渗透对本土文化的失语起到了推波助澜的作用。随着西方经济的迅猛发展和中国改革开放步伐的加快，世界文化交流日益频繁，西方文化从诸多方面渗透进来，就正常的文化传播来说，从影视、饮食和节日，甚至教育思想都能印证我国受到西方的影响是不容小觑的。一部好莱坞影片的票房可以高达我国一年内全部国产电影票房的总额，肯德基、麦当劳人满为患，圣诞节的节日气氛盖过了元旦。崇尚西方教育思想的人对出国留学趋之若鹜。种种现象表明中国正面临着西方文化的强烈冲击与蚕食。无形中本土文化在国人心中变成了弱势文化，尤其是处于开放思想前沿的学生们，更是盲目认同和崇拜西方文化。

三、本土文化失语现象可能导致的后果

（一）影响跨文化交际

语言是文化的载体，本土文化失语必然影响跨文化交际。交流双方或多方进行的，所以，在国际交流中不仅需要了解目的语文化，也需要将母语文化介绍给对方，这才能达到交流的目的。否则交流将是倾斜的，不成功的。

（二）不利于综合国力的提升

在相对和平时代，提升综合国力不仅看 GDP 和军事装备，还需注重文化的传承与传播。想要将文化传播出去就需要一批能够用英语准确翻译和详细介绍的“中间人”。然而，作为培养国家中坚力量的大学，若在英语课堂上出现本土文化失语，那必将影响本土文化的传播与发扬，也就阻碍了国家文化软实力的加强以及综合国力的提升。

四、本土文化失语现象的解决办法

（一）课程要求与教材内容需适当调整

课程要求是教学的宏观指导，要想解决本土文化的失语问题，首先应在课程要求中增加提升学生用英语表达本土文化能力的要求，这不是喧宾夺主，而是寻求两种文化的平衡，改变学生或是不知道怎样用英语表达或是用五花八门的中式英语表达本土文化的现状。

教材是课程要求的载体，是教学的主要参考，也是学生获取知识的重要来源。因此，教材内容的设置举足轻重。大学英语四、六级的翻译题由句子改成了段落，且内容与中国文化相关，说明专家们已意识到本土文化的缺失。要想彻底解决该问题，应适当在教材中加入本土文化相关的内容，扶正一边倒，逐步改善本土文化失语现象。

（二）引导学生树立平等的文化价值观

针对学生盲目认同和崇拜西方文化的问题，首先需要教师提高自身的母语文化修养，引导学生学会欣赏本国文化，建立民族自豪感和文化传承的使命感，并培养传播本土文化的意识。树立平等的文化价值观有利于学生客观理解两种文化，使其在接受西方文化输入的同时，也能积极地传播博大精深的中国文化，弘扬中华民族的伟大精神。

第四节　非英语专业学生中国文化失语研究

跨文化交际中的母语文化表达能力是大学生必须具备的基本素质。然而当前中国外语教学强调目的语文化的教学，忽视中国文化的教学，导致大学生“中国文化失语”现象广泛存在，甚至造成跨文化交际的失败。将中国文化融入大学英语课堂有助于提高大学生中

国文化素养和跨文化交际能力，使学生成为中国文化传播的使者。

一、研究背景

语言既是交流的工具，又是文化的符合与载体。尽管学术界对于“文化”这一概念的界定意见不一，但是对于其与语言密不可分的关系早已达成共识，语言的学习很大程度上是文化的学习，因而文化的教学必然成为语言教学不可分割的部分。著名学者 Claire Kramsch 在其《语言教学中的语境与文化》中提出：如果语言被看作是社会实践，文化则是语言教学的核心，文化意识必须被看作语言水平形成的必要之物和语言水平的反映。跨文化理解和交际的成功，在很大程度上取决于学习者的社会文化能力，包括语言能力、语用能力和扬弃贯通能力。随着我国的国际地位日趋提高，跨文化交流日益频繁，传统的大学英语教学偏重强调英语国家文化的现状已经不能满足学生的需求，很多时候学生由于没有掌握中国文化某些方面的内容和表达而造成了跨文化交际的失败。这种现象被南京大学外国语学院从丛教授称之为“中国文化失语症”。他提出，应当在英语教学中充分灌输中国文化的有关表达，并且应当合理配置教学资源，使得用英语进行交流的学者和国人拥有坚定的文化主体性和文化操守。

近年来，越来越多的学者开始关注“中国文化失语症”和外语教学的关系这个话题，他们开始关注本土文化教学以及目的语文化教学的互动。胡文仲在其《文化与传播》一书中指出，学生的跨文化交际能力并不等同于简单的移植目的语文化。高一宏提出，语言学习应当是 1+1>2 的模式，即外语水平与母语水平同时提高，相互促进。在英语教学中融入中国传统文化，既可以提高学生的跨文化交际能力，又可以把中国五千年璀璨文化发扬光大。刘长江在他的研究中揭示了文化教学中中国文化缺失的现状，并提出相应的对策。崔刚在其《英语教学中中国文化的渗透》一书中探讨了外语学习中渗透中国文化的意义，并提出了平衡中国文化教学和外国文化教学的策略。

除了以上理论方面的研究，大量的实证研究也从不同角度、不同层次对英语学习中有关中国文化教学情况进行了调查研究。梅勇结合前人的研究，对非英语专业大学生的中国文化表达能力进行了研究，并针对文化教学方面提出了一些意见和建议。肖龙福、肖笛、李岚在山东省两所高校进行了调查，调查对象包括高校师生以及外语系教学秘书，发现师生均存在有“中国文化失语症”，研究者提出应该在大学英语教学大纲中明确有关中国文化教学的细则，并针对相关内容进行考核。

二、研究设计

（一）研究问题

本研究主要针对非英语专业大学生“中国文化失语”现象进行调查研究，主要研究问题有：（1）“中国文化失语症”是否存在于非英语专业大学生当中？如果是，其主要原因是什么？（2）非英语专业大学生对于大学英语教学融入中国文化的态度是什么？（3）改善非英语专业大学生“中国文化失语症”现状的措施是什么？

（二）研究对象

本研究的研究对象为山西大同大学非英语专业 150 名本科生，其中包括汉语言文学专业 52 人，法学专业 49 人，物理学专业 49 人。

（三）研究工具

本研究采用问卷调查和测试相结合的方式，旨在发现非英语专业大学生“中国文化失语症”产生的原因以及学生对待这种现象的态度。为了保证研究的科学性，课题组成员反复斟酌、多次讨论调查问卷，该套问卷包含 10 个选择题，采用莱克特量表的形式 (1= 非常不同意，2= 不同意，3= 不知道，4= 同意，5= 非常同意)。测试部分主要考查学生对中国文化的认知程度和用英语表达中国文化的水平。试卷分为两大部分，第一部分共有 50 个选择题，包含中国文化的很多方面，如历史、文学、宗教、风俗等。第二部分是对 25 个中国文化术语的翻译。研究对象要求在 90 分钟内完成测试，且不允许使用手机或其他电子设备搜索答案。为了避免学生出现理解上的偏差，测试题和问卷采用汉语编写。

（四）数据收集与结果分析

测试于 2017 年 11—12 月随堂进行，学生不允许使用任何辅助资料，回收了 120 份有效试卷，回收率 80%；问卷调查由学生课后在网络进行，回收了 132 份有效问卷，回收率 88%。

1. 测试结果分析

测试的第一部分是 50 个有关中国文化了解程度的选择题，题目涵盖中国文化的各个方面，不仅包括以儒释道为核心的思想体系，还包括京剧、中医、琴棋书画、唐装、茶、传统节日、风俗习惯等等。每题 2 分，总计 100 分。学生这一部分所得成绩不容乐观，最高分 86 分，最低分 32 分，平均分 58.88 分。 120 份有效测试卷的作答者中，得分高于 80 的只有 7 人，仅占 5.8%；得分低于 60 分的有 59 人，占 49%。可见，只有少数同学对中国文化相关内容比较了解，但是几乎一半的学生了解甚少。

测试第二部分是 25 个中国文化术语的翻译题，每题 4 分。研究者选择中国文化中典型的、有特色的、相对常见的术语，要求被试者进行翻译，旨在考察被试者用英语表达中国文化的能力。测试随堂进行，不允许使用任何参考资料。结果显示，仅有 19 名同学通过了测试，占总人数的 15.8%，没有得分在 80 分以上的同学，说明 25 个术语中，没有人能答对 20 个以上。一些中国传统文化词汇比如“小康社会”“贞观之治”“二十四节气”等无一人答出。70—79 分数段只有一位同学，即只有一位同学答对 18 个以上的题目。从低分段来看，有五位同学答 4 个题目，比如“饺子”“豆腐”“普洱茶”之类的用拼音来表达的中国文化词汇。

从测试结果可以看出，受试学生的中国文化了解程度和英语表达能力都比较欠缺，“中国文化失语”现象普遍存在。

2. 问卷调查结果分析

根据问卷调查结果，关于非英语专业大学生学习中国文化的重要性的看法，34 名同学非常同意，认为应当将中国文化教学融入大学英语教学当中，占总人数的 25.7%；67 名同学同意这一提议，占 50.7%；有 10 名同学不太关心这个问题，占 8%；15 名同学不同意这一提议，占 11.3%；只有 8 位同学非常不同意这一想法，占 6%。关于日常大学英语课堂是否有渗透中国文化的英文表达问题的结果是，14% 的学生非常同意大学英语课堂上有渗透到中国文化相关内容，51% 的学生同意大学英语课堂上有涉及中国文化相关内容，17% 的学生不同意这一观点，8% 的学生非常不同意。关于是否有必要通过学习中国文化的英文表达来提高自己的跨文化交际能力，94% 的同学认为有必要。关于是否有必要开设中国文化英语教学课程，78% 的同学认为有必要。

从问卷调查结果可以看出，大多数非英语专业大学生能够认识到学习中国文化的重要性，对于在大学英语课堂中渗透中国文化的英文表达持积极态度，但是由于教材选择、课程设置等方面的现实因素，大学英语课堂中中国文化的教学并不是很充分。

三、改善非英语专业大学生“中国文化失语症”的对策

（一）树立平等的文化观，培养学生中国文化输出意识

改革开放以来，随着国际交流的日益频繁，西方国家的价值观念越来越多传入我国。大学生正处于人生观、价值观和世界观的形成时期，鉴别能力较弱，很容易盲目追求西方价值观，甚至将其视为一种时尚。生活中不难发现，大学生以过洋节、去国外连锁快餐厅等行为为荣，却忽视了中国传统文化和风俗礼仪。因此，培养大学生树立正确的、平等的文化价值观变得尤为重要。由于文化教学是语言教学密不可分的一部分，因此大学英语课堂对于传播中国传统文化、提高大学生的文化鉴赏能力、提升大学生中国文化自信心和自豪感有着义不容辞的责任。

（二）加强教材建设，丰富大学英语教学内容

随着世界全球化的日益发展以及中国国际地位的迅速提高，中国文化走向世界已经成了不可逆转的趋势，当代大学生正是弘扬中国五千年优秀文化的最主要群体。目前，传统的大学英语教学内容以西方原版报纸杂志选材的状况已经完全不能满足大学生进行跨文化交际的需求。学生对中国文化的浓厚兴趣及渴望学习中国文化英语表达的现状与实际教学中导入的中国文化内容相差甚远。因此，应当在大学英语教材中增加有关中国文化特色内容的材料，以及中西方文化对比内容。例如，可以适当补充中国传统文化、风俗民情及特色饮食、中国经典文学作品的英译、中西方文化对比、典型的旅游景点宣传资料的英汉互译版本等。此外，教师可以利用网络时代的便利性，与学生分享中国文化相关的阅读内容，鼓励学生自主学习中国文化，紧跟中国文化发展趋势，掌握具有中国特色文化内容的英文

表达。

（三）提高大学英语教师的中国文化修养和传播中国文化的责任心

新时代的跨文化交际对大学英语教学提出了新的要求，大学英语教师作为学习的引导者和知识的传播者，肩负着重大的历史使命。《大学英语课程教学要求》中要求大学英语教师除必须具备英语语言知识、专业基础知识、综合应用能力知识外，还应具备独特的多元文化素养。因此，作为一线大学英语教师，应该首先给自己树立正确的文化价值观，建立平等的文化价值观，坚定文化立场，主动学习中国文化及其英文表达。只有这样，才能更好地帮助学生成为中国文化的传播者。

（四）改革第二课堂活动，增强非英语专业大学生的文化自豪感和自信心

丰富的第二课堂活动与课堂教学相比有着不可比拟的优势，第二课堂能够更好地激发学生学习兴趣，增强学生进行跨文化交流的意识，从而激励学生更自觉主动地学习中国文化及其英文表达。因此，研究小组认为可以对第二课堂活动进行一系列改革，如充分利用校园网学习平台、公众号等新型媒介，给学生提供丰富的中国文化相关网络课程和资料；开设传播中国特色文化的选修课；邀请文学院或者校外专家进行文化类讲座；在校园文化节中增设中国文化知识竞答，中国传统文学或影视作品英文版演绎等。学生通过第二课堂的实践和互动，不仅充实了大学生活，也学习到了中国文化相关内容及其英语表达，提高了他们的文化修养，在跨文化交际中他们必将更有信心地去弘扬中国文化。

国之交在于民相亲，民相亲在于心相通。“心相通”的关键在于各国文化的交流，而文化的交流又离不开文化教学。文化教学不仅仅只是外来语文化的教学，正是由于本土文化教学的长期缺失，导致了“中国文化失语症”现象广泛存在于非英语专业大学生当中。然而对本国文化常识的了解和掌握是一个大学生必须具备的基本修养。研究发现，多数大学生已经开始认识到自身“中国文化失语”问题的严重性并且希望能够承担中国优秀文化的继承者和传播者的责任。改变“中国文化失语”的现状任重道远，只有政策制定者、教材编写者、教师和学生的共同努力，才能实现大学英语课堂中对中国文化的传承，才能使学生在跨文化交际中发出自信而有力的中国声音。

第五节　中国文化失语与大学英语教材建设

本节通过综述分析中国文化失语现象，探讨大学英语教学改革进程中有关教材改革的相关问题，并提出在构建和谐文化生态视角下推进大学英语教材改革的教材建设思路。

语言与文化密不可分、互为载体，两者之间相互依存的关系决定了语言教学中文化的重要地位。美国语言学家 Claire Kramsch 指出，“语言表述着、承载着，也象征着文化现实，两者不可分”。失语症 (Aphasia)，最初是医学术语，指由于大脑受到损伤而导致的语言表

达能力的部分或全部缺失。该词首次引入语言文学研究始于20世纪90年代文学评论家们对西方文学思想入侵我国古代传统文学文化思想的现象，出现了“中国文学失语症”的术语。而“中国文化失语”一词是由我国学者在《光明日报》发文提出来的。研究者发现中国的青年学者在国际文化交流中缺乏中华传统文化素养，不能用英语传播中华文化，因此出现跨文化交际不对等的现象。此文引发了外语界学者对大学英语教学中是否存在中国文化失语现象，以及如何在外语教学中进行中国传统文化教育等问题的热烈探讨。

大学英语教材是教学大纲的具体体现，是实施大学英语教学的主要物质载体，是教师组织教学的主要教学资源，也是学生获得知识的主要来源，其文化定位对人才培养起着非常重要的作用。因此大学英语教材改革是当前大学英语教学改革中至关重要的教学要素改革，从长远的、文化安全战略角度出发，将传播中华传统文化的教育思想融入大学英语教材建设，不失为应对中国文化失语问题的重要思路。

一、大学生中国文化失语现状研究述评

清华大学的张为民、朱红梅(2002)和刘世文(2003)均测试了大学生用英语讲述中国文化的能力，内容涉及由中国特色的事物、民俗常识和名胜古迹，结果表明大多数受试不能准确地用英语表达中华民族优秀的传统文化。国内学者姜怡、李涤非、吴淑琼、李成聚焦文化双向互动问题的必要性，对大学生群体“母语文化”缺失现象进行了调查，印证了中国文化失语现象。通过文献分析，不难发现，近十五年的很多调查研究结果表明中国大学生存在中国文化失语现象，他们母语文化知识欠缺，用英语表达中国文化的能力低下。在中国目前的英语教学中，目的语文化的输入得到了充分的重视，但母语文化的输入却没有受到应有的重视，甚至成了“边缘文化”。但由于此类研究起步较晚，研究还不够全面、系统和科学，主要表现在：一是抽样调查对象代表性不够，测试中国文化失语的问卷信度、效度较低。二是研究角度不够宽，仅限于从微观角度分析问题和对策，没有从宏观上探究其原因和对策。三是对承载文化教育的大学英语教材编写问题关注不够。

二、大学英语教材建设研究内容探讨

对于大学生而言，大学英语教材是学习英语的主要工具；而语言是文化的载体，大学英语教材中的各国文化中传递的人生观、世界观、价值观，必然会对大学生的三观产生一定的影响。一个不争的事实是，现行公共大学英语课程的通用教材中，大部分课文内容均取自英语国家文化背景，讲述的是英语国家的故事，听到的是英语国家文化的声音，中国文化内容很少。少数对比中西文化的文章也是取自国外的华人文化背景，用英文讲述中国文化的课文几乎没有。诚然，以英美文化为内容的文章有利于大学生在西方文化的基础上夯实英语语言知识，但是，片面注重西方文化传播，不利于增强大学生的民族自信心、民族自豪感和民族凝聚力。大学英语教材既要有利于学生了解外国文化的精华，又要反映中

国的传统文化。因此，如何增加大学英语教材中的母语文化成分，提高大学生对母语文化的表达能力和强化民族文化认同感已经成为我国外语教育类出版社和外语工作者面临的重大研究课题。从中国文化失语症的视角切入大学英语教材改革建设的理论和实践研究非常必要，其研究内容大致可以概括为以下方面。

现行大学英语教材中存在的中国文化缺失问题调查研究。选取具有代表性的现行大学英语教材《新视野大学英语》《新标准大学英语》《新核心大学英语》《21 世纪大学英语》和《体验大学英语》作为研究对象，调查各高校普遍使用的大学英语教材的中国文化缺失问题。通过量化研究的方法，描述分析现有教材中涵盖的各个国别的主流文化及其特点。通过质化研究方法，分析构建大学英语教材中和谐文化生态的宏观方向定位和途径，为大学英语教学中有关文化教育政策的制定和实施做好基础调研和分析整理工作。

我国第一代至第四代大学英语教材的历史发展研究和对新一代教材的开发研究。阐述从初始阶段到提高阶段的四代教材发展史，总结以往影响大学英语教材变革的因素，归纳其特点与规律，尤其是其中有关文化的定位和体现，理清其文化脉络走向。与此同时，探索新时期在中国文化走出去的时代背景下，第五代大学英语教材开发的文化建设基本思路。鼓励研究者从事有关聚焦新时代大学英语教材文化观定位、文化布局、文化生态建设和文化自觉能力培养的理论和实践研究，为新一代教材开发做好有关文化安全和和谐文化建设问题的基础研究。

大学英语教材是教育部《大学英语课程教学要求》的物化实体，是大学英语任课教师组织课堂教学的主要依据。因此，教材在整个大学英语课程体系中处于重要地位。自 20 世纪 80 年代以来，有关大学英语教材的研究日益受到外语学界专家和学者们的重视。董亚芬 (1997) 回顾了我国大学英语教材建设的历史，研究重点在于教材编写思路与教学大纲的契合度以及教材发展历史阶段的划分。近几年出现了对一套或者几套教材的使用情况进行调查研究的文章，但这些研究大部分立足于语言学视角，着眼于对大学英语教材改革如何体现二语习得成果和大学英语教学方法改革的探讨上，从中国文化失语角度研究我国大学英语教材内容变革的研究并不多见，必须也应该得到加强。

四、和谐文化生态视角下的大学英语教材编写建议

中国文化失语症是目前在我国大学生中普遍存在的现象，是我国大学英语教学改革发展到一定历史时期的产物，是我国大学英语教学的一个不容忽视的缺陷。Michael Byram(1988) 认为，“不同文化间的交际并不同义于放弃自己的身份和否认自己的社会认同”。作为文化安全的“晴雨表”，文化认同是一个国家文化安全的前提和基础。中国文化认同是国家文化主权的集中体现，是实现国家文化安全的主要途径。因此，要树立构建和谐文化生态的教材建设观，鼓励教材编写人员把中国文化失语现象和大学英语教材建设二者紧密结合起来，从中国文化走出去的视角，培养大学生对中华文化的表述能力，以此为

开展对大学英语教材的编写尝试，探索新一代大学英语教材开发的编写新思路。

调整《课程要求》有关文化教学部分的内容，增加有关中国文化教学的内容。组织全国各地专家编写或调整现行教材内容编排，通过拓展平面教材 A 或 B 部分的课文或补充配套比较文化数字立体教材等途径，培养学生的多元文化价值观。选择和编排不同难度水平的、介绍中国文化的英文纸质教材和数字教材，转变教师单向文化输入的教学理念，构建多元共赢的文化观，指导教师有意识地导入中国文化。培养教师创造性地使用教材输入本国文化的能力，使目的语文化和本族语文化兼容并蓄，立足我国国情，建构具有中国特色的外语教材文化生态体系。

鼓励两种文化双向互动，维护平衡的、和谐的文化生态。大学英语教材既肩负着让大学生了解英语国家文化，也肩负着传播中华传统文化的历史使命。大学英语教材在保证学生语言学习的同时，应培养大学生认同中华民族优秀传统文化，传承中华民族优秀传统文化和传播中华民族优秀传统文化的能力，帮助大学生构建中华民族文化身份。当代大学生既要有国际视野，更要有中国精神。从重视单向的目的语文化转向重视双向文化交流和互动，从微观上讲，是应对中国文化失语现象的重要途径；从宏观上讲，构建平衡的、和谐的文化生态符合国家语言文化发展战略。

五、将中国文化融入大学英语教材建设的重大意义

大学英语教学的学科特点和重要地位使得大学英语教学成为大学校园和谐文化乃至和谐社会建设的一个重要途径和平台。从大学英语教学的学科特点和当前大学校园文化建设以及和谐社会构建的时代背景出发，探讨利用大学英语教学建设改革，实施和谐文化生态建设，推进社会和谐的创新理念，寓和谐文化生态建设于大学英语教学之中，既有利于提高学生的道德素养和人文素养，又有利于丰富有中国特色的大学英语教育思想，对于高等学校全面贯彻《国家中长期教育改革和发展规划纲要 (2010—2020 年)》中有关文化建设和促进社会和谐的内容有重要实践意义。

中华传统文化是炎黄子孙的文化根脉。大学生是高素质的国民群体，是改革开放和中华文明传承的主体、社会主义文化建设的主力军。党的十八大以来，习近平同志通过对中国文化发展理念的深入观察、对中国现代化起点与方向的深刻思考，凝练了文化建设的基本要求——“不忘本来、吸收外来、面向未来”(杜飞进，2017)。当今世界，文化软实力是国家核心竞争力的重要指标，创新文化走出去战略，增强中华文化国际竞争力和影响力，是高等教育的神圣使命。外语教学中的中国文化缺失问题加剧了西方文化的强势地位，削弱了我国文化的竞争力。因此在外语教学中加强对中国优秀传统文化的学习，不仅能够抵御文化霸权主义的侵略，而且有利于培养大学生的文化自信、文化自觉和跨文化交际能力。要坚持构建和谐文化生态的教材建设观，推进大学英语教材的文化生态建设，使大学英语课程成为传递中国声音、讲好中国故事的文化传播平台。

参考文献

[1]Byram，M.Foreign Language Education and Cultural Studies[J].Language，Culture and Curriculum，1988(1)：15-31.

[2]Claire Kramsch.Context and Culture in Language Teaching[M]. 上海：上海外语教育出版社，1999.

[3] 从丛 . 中国文化失语：我国英语教学的缺陷 [N]. 光明日报，2000-10-24.

[4] 陈坚林 . 大学英语教材的现状与改革 : 第五代教材研发构想 [J]. 外语教学与研究 (外国语文双月刊)，2007(5)：374-378.

[5] 董亚芬 . 修订大学英语：为大学英语教学上新台阶做贡献 [J]. 外语界，1997：19-21.

[6] 姜怡 . 不可忽视大学英语教学中的双向文化交流 [J]. 江苏外语教学研究，2005(2)：13-16.

[7] 李成 . 中国文化在高校外语教学中的缺失原因分析及重构策略 [J]. 牡丹江大学学报，2011(3)：151-153.

[8] 刘懋琼 . 浅谈高校英语教学中中国文化的传播 [J]. 西北民族大学学报 (哲学社会科学版)，2009(5)：153-155.

[9] 李涤非 . 中国文化、中国英语与文化教学 [J]. 广州大学学报，2006(8)：82-86.

[10] 刘世文 . 对中国文化英语表达能力的调查及其启示 [J]. 基础教育外语教学研究，2003(1)：29-32.

[11] 吴淑琼 . 外语教学视角下的“中国文化失语症”现象 [J]. 湖北教育学院学报，2007(3)：44-46.

[12] 吴茜 . 中国外语教育的文化使命 [J]. 湖北大学学报，2013(7)：125-128.

[13] 张为民，朱红梅 . 大学英语教学中的中国文化 [J]. 清华大学基础教育研究，2002(1)(增)：34-40.

[14] 杜飞进 . 从三个方面把握习近平关于文化建设新观点 [J]. 人民日报，2017-2-11.

[15] 王芳 . 论新形势下大学英语教学中中国文化的导入 [J]. 湖南科技学院学报，2008(6)：220-222.

[16] 杨朝丹 . 浅谈大学英语教学中导入中国文化的必要性 [J]. 思想政治教育研究，2007(2)：96-98.

[17] 刘正光, 何秀素 . 外语文化教学中不能忽略母语文化教学 [J]. 西安外国语学院学报，2000（6）：61-64.

[18] 戴炜栋，张红玲 . 外语交际中的文化迁移及其对外语教改的启示 [J]. 外语界，2000（2）：2-8.

[19] 教育部高等教育司 . 大学英语课程教学要求 [M]. 上海：上海外语教育出版社，2007.

[20] 王义祥 . 当代中国社会变迁 [M]. 上海：华东师范大学出版社，2006：235.

[21] 俞新天 . 中国文化价值观的构建与传播 [J]. 国际问题研究，2011（6）：5-19.

